MIND 心研社图书

为心灵提供盔甲和武器

离开你真是太好了

冒牌生 —— 著

北京联合出版公司
Beijing United Publishing Co.,Ltd.

图书在版编目（CIP）数据

离开你真是太好了 / 冒牌生著 . -- 北京：北京联合出版公司，2020.5
ISBN 978-7-5596-3131-2

Ⅰ. ①离… Ⅱ. ①冒… Ⅲ. ①恋爱心理学－通俗读物 Ⅳ. ① C913.1-49

中国版本图书馆 CIP 数据核字（2019）第 064758 号

离开你真是太好了

作　　者：冒牌生
图书策划：耿璟宗
责任编辑：徐　鹏
特约编辑：李光远
特约统筹：耿璟宗
装帧设计：仙境设计

北京联合出版公司出版
（北京市西城区德外大街 83 号楼 9 层 100088）
北京联合天畅文化传播公司发行
北京美图印务有限公司印刷　新华书店经销
字数 139 千字　880 毫米 ×1230 毫米　1/32　7 印张
2020 年 5 月第 1 版　2020 年 5 月第 1 次印刷
ISBN 978-7-5596-3131-2
定价：39.80 元

版权所有，侵权必究。
未经许可，不得以任何方式复制或抄袭本书部分或全部内容
本书若有质量问题，请与本公司图书销售中心联系调换。电话：（010）64258472-800

序

或许生命终将错过一些人，
却也正是他们才让我们懂得幸福的可贵。

我们永远不知道遇见一个让你心动的人是对还是错，但是你只要知道，遇见他，你真的开心过就够了。

用一点时间厘清自己的心，整理自己的感情，做出选择，然后承担结果。

爱情不是只有美丽和憧憬，更多的是两个人遇到问题还能不能在一起。

迪士尼的经典电影真人版《美女与野兽》对爱情做了很有趣的探讨。

电影教导女孩子要多读书、充实内在、有爱心、不爱慕虚荣、不屈从于恶霸……

但在教导男性观众方面，东方文化的价值观跟西方的有所不同，西方社会的价值观，乃至童话，从来不把富有当作耻辱。

故事里的野兽要温柔，要会赚钱，要有大房子，最好家里还要有几个仆人，身强力壮，更要跟女主角心灵契合，唱歌跳舞，简直是无所不能。

其实，这跟故事的原著（15—17世纪）也是很有关系的。16世纪，西方社会就进入了资本主义萌芽的重商主义时期，最终进入了工业革命，因此，男人要赚钱，要上得厅堂、下得厨房是必然的。

意想不到的是，针对艾玛·沃特森饰演的贝儿，最后选择了野兽而不是加斯顿，曾有男性读者留言表示，野兽很有钱才是重点。他有一座城堡、庄园和祖产，不选他才傻。

也许有些看电影的人误会了，他们只看到了贝儿的美丽和野兽的财富，却没发现影片也诠释了真爱和"自以为是的爱"的区别。

真爱和"自以为是的爱"有何区别？真正的爱情会让彼此自由，因为爱中有信任和默契，不需要过多的束缚。

如果你真的爱一个人，你会给他自由；若把你爱的人当成一件物品，想要据为己有，那么你就会完完全全失去他。

真正的爱情，不见得是一见钟情，有一种细水长流的爱，叫作日久生情；真正的缘分，不见得是老天安排，有一种心有灵犀的缘分，叫作彼此愿意制造机会。

爱过以后，没有得到他的爱该怎么做？

我们往往很容易忘记了一些事，以致让爱到最后变成了伤害，甚至造成再也无法弥补的遗憾。

真正爱你的人，赶也赶不走，他们会想尽办法回来；但真心想离开你的人，再怎么囚禁，再怎么苦苦哀求，他的心也早已不在。

面对离别，有些祝福是无法强求的。

当我们看一个身边很重要的人决定改变，而改变的方向或许不是你期待的方向时，我们会难过，甚至会在心里有个疙瘩。

其实，你也不用勉强自己去祝福他，你们都没有错，只是前进的方向不同而已。

爱过以后，很多人一辈子也想不通到底哪里出了问题。就像那位留言表示贝儿选择野兽是因为"野兽很有钱"的男读者，他的留言只对了一半。

一段关系里，钱即便是重点，也只不过是基本配备罢了，更重要的是钱堆出来的内涵，比如说，学术和涵养。

我想，若是俗气的暴发户，贝儿也不会喜欢。

现实生活中越来越多类似贝儿这样的女性，长得漂亮，会读书，知道自己要什么，身边不乏追求的对象。因此，满足基本生活所需的金钱后，更看重的是精神共鸣。

也就是说，会考虑的大概是以下三点：

1. 他想要的是什么？

2. 你懂了以后，你能不能拿出他想要的东西？

3. 你给了以后，态度怎样，他想不想要？

无论男女，待人的态度若是拿钱砸人，那么有许多人绝对会认为被侮辱，因而选择转身离开。

若要彼此感受到爱，就必须了解对方的想法。

爱是相对的，不是一个人就可以决定一段感情，你给的必须刚好是对方想要的。

如同真人版《美女与野兽》里，贝儿与野兽的感情之所以能够升华到令人感动的纯爱，不是因为金银珠宝，也不是城堡、仆人们试图用来讨好贝儿的五颜六色的华服，而是莎士比亚，还有那座可以随意由她进出的图书馆。而后来野兽也心甘情愿屈尊，就为了帮她拿到高处的书。

这些都是成就一段美好关系最重要的因素，也是所有人学会爱的过程。

学会爱、感受爱需要四个要素——金钱、性、展现自我和尊重他人。

这些东西说来容易，真的要做到很难，我们必须学会调整和接纳对方与自我本身不足的地方。

金钱很重要，你可以虚荣，你可以奢华，只要你不偷不抢，守得住财富，那么一切当然可以拥有。

但在感情的世界里，光用钱砸人是不行的。

你给的只是自己想给的，并不是对方想要的。

那么，活在自己的世界里一味地付出，根本没有价值。

我们大可不必用仇富的心态来看待爱情，这不是爱情的真谛。

再拿真人版《美女与野兽》做例子吧！

整部电影，我最喜欢的是野兽和贝儿在城堡的雪中花园漫步那一幕。他们在眺望城堡的雪景时，野兽不晓得是看风景还是看身穿红色斗篷的贝儿，然后他说："从没看过这么美丽的景色。"

照理来说，这是野兽生活许久的城堡，对于这里的任何地方他早应该了然于胸，所有的景致他也绝对清清楚楚。

然而，他说出的这句话也是整部戏中我最喜欢、最有感触的画面。

因为人生就是这样，有时候重要的不是风景，而是陪你一起看风景的人。 跟所爱的人在一起，再平凡的景致也是美景。

小时候总以为"做自己"很难，长大以后才知道，更难的是遇到"愿意接受你、让你做自己"的人。

也许就是因为现实太残酷，才需要爱情来洗涤我们的心灵，让我们在爱过以后学着善待他人，学着尊重自己，学着寻找生命中不变的价值观，以及持续相信爱的存在。

因为，那些没有陪你走到最后的人，往往会在不同阶段让你学习成长。

爱的时候，你会感受到温暖和包容；爱过以后，你终究会学会理解和放手。

目 录

第一章 初恋的懵懂

—— 你是不是只记得对别人好，忘记了对自己好？

暧昧时最容易犯傻的瞬间 /003

一见钟情最应该注意的重点是什么？ /009

明明知道会受伤，为何要去爱？ /013

真心想要跟你在一起的人，不会跟你玩暧昧 /019

面对告白失败，更要记得对自己温柔 /023

真的在一起以后，感觉跟想象的不一样 /027

想要兼顾友情和爱情，要先分清楚有些事你不该做 /031

关于初恋的三个体悟 /035

必须告别的时候 /041

如何面对初恋的失败？ /045

第二章 相爱的磨合期

——喜欢一个人很简单，互相喜欢一辈子却很难。

为什么总是找不到爱你的人？ /051

出去吃饭到底谁该付钱？ /057

为什么你总被"已读不回"？ /061

有些人为何总想要测试对方的爱？ /067

总是爱得好累，是因为你没发现自己给错了爱的礼物 /073

一段感情面临有一方必须做出牺牲的时候，谁该迁就谁？ /079

有一种爱是受委屈以后对方愿意站出来替你说话 /083

无法保持爱情和事业的平衡，代表你忘记了…… /087

爱情需要讲究，而不是将就 /093

相爱多年，感情淡了以后怎么办？ /097

第三章 分手后的状态

——牵手是两个人的选择,放手是一个人的决定。

"还好你失恋了。"走出分手的阴影只有这个办法······ /103

该怎么面对自己的不甘心 /107

挽回不是不可能,但你要先反省让自己成为更好的人 /111

该怎么忘记一个人? /117

逝去的爱情,没有想象的重要 /121

明明已经分手了,前任还来找碴儿 /125

失恋后,该怎么做才能重拾人生的目标? /131

当他告诉你,你配得上更好的人的时候…… /135

分手会让你看清一个人 /141

为什么你总是被类似的人伤害? /147

第四章 遇见的可能

——你是不是只记得想念的痛，忘记了再给自己一次爱的机会？

该怎么思考，才能继续相信爱情？ /155

你仍在寻觅一个爱你的人？也许你忘记了有些东西不是爱 /159

遇到想要重修旧好的昔日恋人时该如何思考？ /169

失恋后去旅行为何没有用？或许是因为你忘记了…… /173

办公室恋情，可能修成正果吗？ /179

有人喜欢你，你却还单身？或许是因为你忘记了…… /183

不必为了一个不爱你的人，让自己成为一个不可爱的人 /191

不要只想找个伴，而忘记自己真正想要的是什么 /197

你们不适合，不代表你做错什么。有时候，你只是需要…… /201

真正的幸福，不必装模作样 /205

第一章

初恋的懵懂

你是不是只记得对别人好,忘记了对自己好?

暧昧时最容易犯傻的瞬间

所有的恋爱都是从暧昧开始的。但这次我们不讨论暧昧时忐忑不安的心情,而是讨论暧昧时最容易忽略的事情。

举例来说,你明明是个冷静、大方的人,但在暧昧时期,遇到心仪对象,总是做一些平常不会做的事。

其中最容易犯傻的瞬间只有一个——打肿脸充胖子。

这个状况可以有很多种形式:

- 感情上装大度。

- 经济上装大方。

- 学识上装聪明。

但所有的暧昧形式都有一个共同点！

你不够诚实地面对自己的能与不能、爱与不爱。

曾有个女孩对暧昧对象表示："如果你不喜欢我，你可以告诉我，我不会烦你。"
可是当男生真的按照她的意思表达结束感情时，女孩又后悔莫及，频频发信息、留言，哭闹不止，无所不用其极，就是希望可以维持原先的关系。

暧昧最怕的就是这样，告白了以后连朋友都做不成。

爱是矛盾的，如果希望得到一个肯定的答案，那就要厘清自己的心意。
传递自己的真实心意不是假装大度，口是心非只会让自己更痛苦。
若告白以后发现答案跟你想要的不一样，那也没有关系。人生就是一种面对，即便刚开始遇到的所有不堪让你觉得没有未来，愿意跨出改变的第一步，未来才有机会向你敞开大门。对方喜不喜欢你不打紧，重要的是你没有对不起这一份心意。

遇到喜欢的人，我们总会希望可以变得更出色，才能配得上心中的理想对象。

曾经有个男孩说，他在学校遇到一个喜欢的对象，双方有点暧昧。

女生在课业上需要他帮忙将一段中文文章译成英文。

男生表示，当喜欢的人找自己帮忙，非常令人开心，他也愿意帮这个忙，偏偏自己的英文不够好，所以只能找别人协助。最后虽然顺利解决，但心中觉得有点悲哀，感觉被比下去了。

有时候，我们的一个小小举动可以收获很多美好，但最重要的是享受乐趣，而不是打肿脸充胖子。

我曾为了跟喜欢的人约会，带她去高级餐厅吃饭。结果回家自己啃了一周的白吐司，而且最后还是没追到心仪的对象（苦笑）。

我们会因为恐惧失去一个人，特地为他做很多，为他改变自己。这所有的作为全为了让对方认为你很棒，你配得上他。

实际上真正的喜欢和爱，不需要先证明自己很好。

你并不完美，别人也并不完美，真爱就是学着欣赏彼此的不完美。

当你发现自己时常口是心非的时候，

当你发现自己跟想象中表现得不一样的时候，
当你发现自己好像在打肿脸充胖子的时候，
暂停一下，思考自己为何会有这样的举动。

从喜欢到爱的过程，需要一起面对困难的考验。

你必须先喜欢自己，先认同自己，才能得到他人真心的认同和尊重。

人有恐惧，人会脆弱，人有极限，诚实地面对自己的爱与不爱、能与不能。

当你学会用循序渐进的方式跟自己沟通时，你会发现即便很慢，但你正在让自己变得更好，**为你的感情寻找一条出路。**

后来，有人问我，你怎么知道一定会找得到出路？
也许不一定会遇到一个足以突破暧昧对象的人？

是啊！世界确实有许多"不一定"。
我们不一定会遇到幸福，你不一定会完成梦想。
我们不一定会被理解，甚至久而久之只能接受世界的残缺和人性的不完美。

而电影《附属美丽》里的那句台词说得极好。

"爱的面貌有很多,可能是陪伴,可能是祝福,也可能是道别……即便有时候很难过,但爱无所不在。"

没有任何事是绝对的,我依然选择相信,爱、梦想、希望、诚恳。
我愿意为看似遥不可及的未来努力。
选择相信,不求别的。只因这样我们会快乐一点。

一见钟情最应该注意的重点是什么？

关于一见钟情，我们最常听到的是，那是一种触电的感觉。仿佛整座城市陷入一片寂静，只能听到你对他心动的声音。仿佛全世界只剩下你们两人，倾盆大雨都浇不熄你对他的热情。

一见钟情被太多人美化，有太多人向往。但说穿了，就一个"缘"字。到底能够维持多久，才是最该关注的重点。

绝大多数人的一见钟情只是一瞬间，可能几秒钟后就消逝了。

我曾收过一个刚毕业男孩的私信，他非常生动地描述了自己一见钟情的状态。

　　私信内容大致是他在工作场合遇到一个女孩,感受到所谓的一见钟情。
　　他为了表达自己的一见倾心,终于决定告白。

　　隔了几天我才看到这条私信,我决定礼貌性地祝福他,恭喜他遇见心仪的对象。
　　但是,我几乎是立刻就收到了回复。男孩说,他对她已经没感觉了。
　　他说,决定告白前,不小心看到心仪对象私下跟闺密相处的样子。
　　女孩一边抖脚,一边挖鼻孔,这让他心中的女神瞬间幻灭了,还没告白就黯然神伤。我看完不由得笑了,仿佛听到一颗期待爱的心破碎的声音。

　　如果你是女性,不必对这个男孩太过苛责。
　　这样的反应很诚实,无论男女都有类似的状态。尤其现代社群网络、交友软件,各式各样认识新朋友的工具逐渐普及,**让我们太容易爱上一个人,也更容易不爱一个人。**

　　所谓一见钟情到底是什么?

一见钟情，不是单方面的怦然心动，而是两个人看对眼的瞬间。不是看了一眼就爱上一个人，而是看了一眼之后就无法忘记一个人。

　　有些人年纪渐长后就开始越来越不相信一见钟情，因为曾在爱情里受过伤。
　　但反而正是这样的态度，把好的缘分越推越远。
　　人生就像一场旅行，但不是所有人都朝着同一个方向前进。
　　有些事，只能当记忆；有些人，只能是过客。

　　你可以不认同一见钟情，但一定要听从自己内心的声音。
　　遇见喜欢的人，还是需要勇敢表达自己的心意。
　　即便，你曾经谈过几段无疾而终的恋爱，但那不代表你不会遇到一个值得携手一生的人。

　　很多事，总在回首时才会看到答案。
　　很多爱，总在失去后才会懂得珍惜。

　　"感觉"这两个字实在难以捉摸。时间是如此珍贵，每分每秒都可能是最后时刻，遇到喜欢的人当然要认真以对。

　　一见钟情藏着人们对爱的期待和渴望，当你愿意选择相信，就会发现一个最简单的道理。

生活中有其美好的地方,同时也会有不美好的地方。

爱情和人生都一样,也许平平淡淡,夹杂着遗憾。

它们从来不完美,但也正因为不完美,才显得真实可爱。

解开心结吧!你会发现,很多让人有所期待的事物,依旧很美好。

明明知道会受伤,为何要去爱?

打开脸书,有个女孩给我留言,说她爱上了一个男孩,可是不知道该怎么做。

她15岁,在北美读书,暑假参加了一个团体活动,有个男孩主动跟她打招呼。他们的座位挨着,短短几天的相处,她发现男孩读书用功,做事仔细,教养好,吃相也好,爱干净,上台讲话台风稳健,咬字清楚,不会吞吞吐吐。

"我对这么一个乐观开朗的人佩服得五体投地!不仅聪明,为人又谦逊。短短四天的活动,就被他的热情所感染,迷失在他深邃的眼睛里。可惜缘分只有四天,我们距离很远,很难见面,而且他在学校一定很抢手吧!我是不是应该把握住机会,但又怕真的拉近距离后,反而会受到更大的伤害,值得吗?"

看到这里,我嘴角扬起一抹微笑,既怀念又羡慕那种情窦初开的羞涩感。现在的我再也回不去了。

15岁多半正在经历"爱的第一课"。

就经验来讲,不管得到与否,第一堂课总会学得最深刻。

爱值不值得?爱绝对值得。爱了音乐大师肖邦一辈子的法国著名女性小说家乔治桑曾说过:"去爱吧!人生中最美好的事情莫过于此。"

人生最甜蜜的就是爱了,无论苦辣酸甜,无论你的心充满着爱,还是被心中充满爱的人守护着,那都是一种幸福。

即便爱有时候会不尽如人意,会让我们心痛,但那也是一种学习。

一段感情难在经营,不会跟我们想象的一样顺利。

现在认识一个人太过容易,网络、手机的普及,社交平台的发明,让我们有数不清的方式认识一个新的朋友,却也让离开后的疏离感变得无所遁形。

爱情开始萌芽时什么都是好的,刚刚认识也许聊得很开心,久而久之从他的生活圈里,你看着他和朋友们谈笑风生,相较于你和他之间认识时间太短,相处时间太少,最后的关系只剩下点赞留言、缺乏话题,实在很难假装热络。

这些道理，我们都知道，却往往做不到，理性往往敌不过感性。

日本动画大师宫崎骏有一部经典动画电影《悬崖上的金鱼姬》。

电影描述了5岁的金鱼波妞和5岁的人类男孩宗介之间懵懂的爱情。

宗介救了波妞，波妞舔了宗介的血液而成为半人鱼。

波妞的父母担心女儿，尤其是波妞的爸爸坚决反对两个人在一起，害怕女儿失去宗介的爱，最终变成泡沫。

最后，波妞的母亲询问宗介，是否接受真正的波妞？

小宗介童稚的眼神，充满坚定的意志，答道："不管波妞是鱼、人鱼，还是人类，我都一样喜欢她！"

这段话让观影的我当时忍不住掉下泪。

可是，我也清楚记得第一次看完这部电影，身旁的朋友问："欸！5岁的小孩真的懂什么是爱情吗？"

其实，这个故事的重点从来不是他们能不能在一起，又或者他们能在一起多久，宫崎骏在用两个孩子提醒大人们什么叫作"爱"。

爱就是勇于承诺，坚守承诺，还有全然信任的托付。

至于能不能永远在一起？

"永远"从来不是一段时间的长度,而是两个人的约定。

动画电影结束后,我也不想揣测其他的结局。

或许波妞的结局取决于我们的心情,当沉溺在爱情的美好时,波妞的结局就是美丽的;但当你受到伤害,不相信爱的时候,波妞就会幻化成泡沫。

我想,每个人心中都会有属于自己想象的结局。

初恋也是一样的。

如果真的有义无反顾的决心,根本就不会去思考是否会伤得很重。

纠结自己会不会犯错、值不值得,那才是最浪费时间、最不值得的事。

爱情没那么累,我们没那么多观众,世上也没那么多"只是因为在人群中多看你一眼,再也没能忘掉你容颜"的传奇故事。

没有实际相处过,我们爱上的不过是自己的想象罢了。

没有走到最后,一切都是未知的。

所以,与其思考自己是否该行动,倒不如告诉自己潇洒一点,痛痛快快去爱,痛痛快快去伤,痛痛快快去感受那"爱的第一课"。

如果喜欢一个人能带给你人生继续前进的动力,那么即便不能永远在一起,也值得好好珍惜那份心情。

就算最后失败也是好事，毕竟爱情的关键从来不是刚开始有多么美好，而是接下来用多少智慧处理彼此之间的分歧，那是爱过以后才会渐渐懂得的智慧。

真心想要跟你在一起的人,不会跟你玩暧昧

爱情里有一种状态是暧昧,你喜欢上了一个人,心情会随着对方的举动患得患失。

这种时候心中有三怕。

1. 怕先主动他觉得你太积极。

2. 怕不说出来他会被人抢走。

3. 怕一说破会变成自作多情。

想东想西,只好把行动锁在心底的角落。

其实,真的喜欢一个人大概都是这样,尤其在你还没有把

握时,总会想触碰又缩回手,你的心情总是随着别人的情绪而起伏不定,偶尔对方一点暖心的回应就会让你满足,笑得像个孩子;可是,当发信息给对方显示已读不回时又会难过得想要放弃,悲观的想法会疯狂地跑出来,让你心烦意乱。

暧昧时,我们要评估对方的感情状态,这通常可分成两种。

1. 你的暧昧对象已经有另一半了,却对你若即若离;

2. 暧昧对象单身,也察觉到你的示好,偏偏就是不肯给出肯定的答案。

◆ 第一种状况:有另一半还跟你搞暧昧

你要很清楚地明白,那个暧昧对象的成熟度、稳定度都还不够,他不晓得自己想要哪一个。

他只是想尝鲜,对你若即若离的态度可能是害怕孤单,想要找一个人做备胎,这时候要看你玩不玩得起这个暧昧游戏。

通常你的暧昧对象会告诉你,他并不开心,抱怨跟恋人相处的点滴,他想离开,他觉得你很好,但碍于责任、家庭等各种各样的因素,暂时没办法做到。

这种时候大多数的人就会心有期待,选择沉溺下去,等着对方结束那段感情以后,跟自己在一起。

其实,你只是被他当作情绪的垃圾桶,他跟你说的话,告诉你的所有事情,有关于他伴侣的点点滴滴,全都是经过选择的，那些他跟恋人、伴侣相处时的痛苦会让你听了以后自我催眠，想象他们的关系并不牢靠，燃起心中对彼此未来的一丝希望。

试想，他若跟你分享与伴侣之间的甜蜜时光，你还会继续跟他搞暧昧吗？你会愿意买单吗？所以他当然不会让你知道他和伴侣也还有快乐的时光，毕竟讲得太多只会断了你的幻想。

当你们的相处只剩下他的暧昧和你的一次次失望时，久而久之，你会变得情绪化，凡事往最坏处想，生活变成永无止境的争吵和患得患失。

两个人在一起，应该激发彼此更好的一面，绝不是越来越丑陋的一面。

如果你发现自己陷入这种恶性循环，那么这代表该放手了。

玩暧昧是没有结果的，只有突破暧昧才有结果，至于结果是不是你想要的又另当别论了。然而真心想要跟你在一起的人，不会跟你玩暧昧，因此第一种暧昧状况多半以失败收场。

◆ 第二种状况：明明单身却不肯给答案

第二种状况是暧昧对象虽然单身，也察觉到你的示好，偏偏就是不肯给出肯定的答案。

这代表着他真的没有那么喜欢你，但可能碍于你们处于同一个生活圈，你们之间拥有共同的亲朋好友，或者有些不得不见面的原因，他不想让彼此的关系变得尴尬。

毕竟就像那句俗话说的："人前留一线，日后好相见。"

于是他只能以拖待变，等到你转移目标或他遇到心仪的人，你的存在造成他的困扰，才有可能直截了当地说清楚讲明白。这种既不主动也不会太过冷淡的感觉最折磨人。

有人说："有些东西别问太清楚，问得太清楚反而不好。"

通常那些说不出口的答案，不是对方不愿意说清楚，而是你不肯接受被拒绝的痛苦。

我们都想找个伴，但"伴"这个字是**"一人付出一半"**，不是你太过在意别人而忽略自己的心。

当对方不肯给出答案时，就该思考自己到底对这份感情有多在意，因为害怕不敢行动，又真的对得起自己的一片痴心吗？

毕竟在相处的过程，如果一个人无法进驻你的心，就放他走；你如果走不进另一个人的世界，没有人规定你不能先掉头。

想有一场美好的恋爱，就势必要承担不被爱的风险，只是暧昧时请记得要在乎自己多一点，不要因为太爱一个人而失去自己。

面对告白失败,更要记得对自己温柔

我曾有过告白失败的状况,当时心中充斥着"自己不够好"的情绪。

现在回想起来,最可怕的状况莫过于,那时候的自己连说都不愿意说,在心里默默质疑自己,对自己丧失信心,就连对最好的朋友也不好意思开口,因为我们都希望在他人面前,表现出最完美的一面。

后来年纪大了一点,也常常听到周遭的朋友说:"一定是因为我不够好,所以才没有人喜欢我……""我不够瘦、我不够聪明,我不够有钱,我不够漂亮,所以对方才……"

这些全都是自我怨怼,都是因为我们忘记了爱情的付出不

一定会有回报，可是没回报也可以转身离开。

　　当我静下心来剖析自己为何有"我不够好"的感受时才发现，**那是因为我总想表现出自己最强的一面，让自己更值得被爱，所以我开始掩饰自己的脆弱。接下来，就陷入了一种"努力表现、期待落空、痛苦不堪"的恶性循环之中……**

　　曾有句话说："爱生忧，忧生惧，喜欢一个人，怎么可能没有担忧恐惧？"实在很有道理，但就现实层面来讲，每个人都生活在一个极其脆弱的世界。因此，必须学会与脆弱共处。

　　我们会害怕和担心丢脸，也总认为自己就像过了午夜12点的灰姑娘，没有南瓜马车，没有仙女魔法，只有蓬头垢面的模样，但别忘了，也正是这些自我挣扎，才孕育出你的独特以及爱与被爱的能力。

　　有时候，我们喜欢上一个人，对方明明感受到你的示好，却装傻充愣不愿意回应。其实，遇到那种不愿意把话说死的状况，我们都不是笨蛋，内心深处也都清楚了然。

　　那些人不是没有听到你的心意，只是他们也很清楚自己的回应并不符合你的期待，他们害怕伤害你，因此不愿意给你一个正面的回答，他们也是在保护自己，给你们之间留点后路。

　　感觉这种东西也讲究有借有还。喜欢一个人就是把自己的感觉借给他，不喜欢一个人则是他把感觉还给你。而人呢！"借"的时候往往心甘情愿，"还"的时候大多拖泥带水。于是，我们把问题归咎在对方身上。

仔细想想，难道他说出口以后，自己就能立刻死心，就不会受到伤害吗？

我想答案是否定的，毕竟一个人的得失心或期望太高，最后伤的都是自己。告白失败或被否定的事实发生后，我们的心还是会难过和痛，甚至连朋友都做不成了。可是，人生本来就有很多不符合期待的事，有能力的人不代表能够事事顺心，但他们却懂得改变自己的心情，不在同样的恶性循环里打转。

接受失败的告白，也是爱情的一部分。我们都应该记得，无论对方有没有回答、喜不喜欢你，你都应该喜欢你自己。

失去了一朵花，不代表你失去了整个春天。世上本没有完美的事物，人也一样。停止埋怨，停止专注在自己的缺点上，对自己温柔一点。坦然接受以后，你会发现，**正是那些不完美，造就你的独特**。你不是不好，只是两个人不适合。

真的在一起以后，感觉跟想象的不一样

遇到一个可以互相扶持的人是一种幸福，但有些人越相处越清楚地发现彼此并不合拍，此时应该放弃还是再努力一下？

这个问题真的很难。

很多人会说，学会珍惜彼此就是两人之间最重要的课题。

可是，我认为努力以后发现彼此还是不适合，真的就不要浪费彼此的时间，**千万不要把结束一段感情当作自己的错**。

我认识一对情侣，他们在一起五年，刚开始相处得很愉快，但相处久了，尤其到了论及婚嫁的时候，问题却一一浮现。

他们发现彼此的价值观都不一样，差别最大的地方是关于工作的价值观。女方希望留在职场工作，男生和他的家人都希望女方回归家庭，做一个家庭主妇。

女生为这件事困惑了好久,可是每次沟通都没有结果。

她烦恼了好久,有一次见面我们又谈到这个话题。

我问这女孩,到底是什么原因让她放不下这段感情?

她说:"因为我们已经承诺过了要一辈子在一起,承诺就是承诺,不是吗?"

"真正的爱从来不需要特意去证明什么,那是一种相互的感受。一个人的承诺很重要,但如果为了遵守这个承诺,会让你一辈子都感到痛苦,那么更应该思考的是,到底为何坚持。"

她听完我的话沉默不语,有点悲伤地表示,原本以为爱可以克服一切……

爱确实可以克服一切困难,但前提是两个人都必须牺牲妥协,若没有一个人愿意包容,那么那根本不是爱,只是自欺欺人。

两个人在一起,不是一味地改变对方,而是要学习接受对方,这就是包容。如果一直想改变对方,那不是生活,而是战争。

这对情侣的故事,只是一个最简单、最常见的案例。

人生还有太多的难题,我们每个人都在不同的环境成长,有着不同的价值观和想法,也许刚开始出于各种原因忍着不说,但日子久了,时间的考验会让你知道彼此究竟是不是适合的。

若沟通到最后只剩下争吵,那么为什么不能接受"个性不合"的分手理由?强扭的爱只会走得更尴尬、更坎坷。

拖,是最要不得的事,既浪费对方时间,也浪费自己的光阴。

毫无牵挂的时候,找一个让你有动力的对象谈恋爱吧!而不是找一个让你精疲力竭的人。

选择相爱,最终发现不适合而分开,这个过程也叫谈恋爱。
强迫彼此在一起,就像躲在自己建造的象牙塔里,自欺欺人。勉强在一起,只会伤害彼此的感情,浪费的是两个人的时间。

如果真的不适合,发现爱已逝,就把话说清楚。好聚好散,才是对彼此都好的方式。

这个道理很简单,却必须有大智慧、大毅力才能做得到。

记得,爱情碎了不要紧,你不能让生活也碎了。

想要兼顾友情和爱情,要先分清楚有些事你不该做

爱情是人生很重要的一部分,但认真说起来,友情反而更加刻骨铭心。

尤其是学生时代的感情,常常说不出为什么好,却又总是腻在一起;兴趣、嗜好不见得一样,却丝毫不影响那份友情。

当这两种感情产生冲突时,一个不小心很容易两面不讨好,心酸只有自己知道。

人总是自私的,在处理人际关系时会希望自己是被注意的那一个,因此相处时总想要霸占对方的时间,即便各自有了另一半,还是会害怕朋友被抢走。

我们总会对自己说,真正的朋友不用计较这么多,真正的

朋友应该替你着想,其实这种"不计较"需要彼此互相配合、互相付出,彼此都要成为那个不去计较的人,相处久了,有了默契才会有安全感。

有些人害怕谈恋爱会忽略朋友,无法兼顾友情,那么该怎么维系彼此之间的感情?

让我们从两个方面来讨论:一方面是可以做的事,另一方面是不能做的事情。

◆ 可以做的事

谈恋爱要学会掌握话题的主动权,善用备忘录,定时提醒自己关心朋友的近况,不要等到别人来告诉你最近发生了什么事。

你也可以把自己的烦恼说给朋友听,不求他的答案和建议,只是单纯让对方知道你的近况。

◆ 不该做的事

绝对不要强迫自己的恋人和朋友一定也要成为朋友。

有缘分,自然会成为朋友。没有缘分也没关系,或许替双方留点空间和距离,反而能让你活得更轻松自在。

其次,相处久了难免会有抱怨。大多数人会选择在朋友面前抱怨恋人,这样做一开始会得到安慰,但久而久之,朋友的心里都会产生一个念头。

"既然你跟他相处有这么多抱怨,那么不要在一起就好了啊!"殊不知,你要的可能只是一句安慰或理解而已。

当你向朋友抱怨得不到安慰时,就极有可能再向恋人抱怨你的朋友不懂你的心,可是这样会变成负面循环,让恋人与朋友之间对彼此的印象越来越差。

现实生活中不可能没有抱怨,我们会用抱怨来舒缓心情,让自己好过一点。

为了避免让自己两面不是人的状况,就要聪明一点,选择"对的人"来抱怨。

曾有个朋友说,她不会在朋友面前抱怨恋人,也不会在恋人面前抱怨朋友;她选择抱怨的对象非常有趣,是出租车司机!

抱怨给司机听的好处是,他们的观点通常是纯粹第三方的观点,有时会提出自己从没想过的见解。

更重要的是,下车后也不会联系,不必担心秘密被身边认识的人乱传。

我听完真是服了她,但仔细想想她的方法也有点道理,至少那些情绪化的言语不会给周遭朋友造成二度伤害。

所以,想要抱怨的时候先问自己这三个问题吧!

- 你的恋人和朋友谁的口风比较紧?
- 你的恋人和朋友谁比较不会做出让你尴尬的举动?

- 你的恋人和朋友谁比较懂你?

　　抱怨要说给懂的人听,不管是恋人还是朋友,谁是听众都不重要。重要的是,不要让这些抱怨变成未来伤害你的工具。

　　对于朋友和恋人之间的相处,我们只能用自己的智慧去拿捏,用微笑面对生活,用宽容接纳别人。而人生中有许多爱,友情也是一种爱,但别让爱成为一种伤害。

关于初恋的三个体悟

每个人的心中，初恋都是特殊的存在。

我曾分享过自己的初恋故事，两个人相处了十二个月的时间，最终以十二个字画上句点。后来彼此失去联系十年，直到十年后再见，心中满是惆怅。

有些事情走过以后才懂，我总会想，当初如果有人和我分享这些初恋的体悟，或许我就能把这段刻骨铭心的爱恋走得更远更长。

于是，我整理了初恋常见的三个盲点，或许能够帮助我们拍拍身上的泥土，继续前行。

◆ 初恋有时只是一种误会

　　初恋开始的征兆很明显，或许你也遇到过类似的状况。

　　不会游泳，在游泳课时有个同学鼓励你不要害怕，还牵着你的手一起潜水。

　　走楼梯时差点跌倒，有个同学扶了你一把，脸上还搭配一个温和的微笑。

　　遇到不懂的题目去问成绩好的同学，他示范时不小心碰了你的手，两人还不好意思地看一下对方。

　　跟好朋友吵架，有个酷酷的同学静静地倾听你的抱怨，还拍拍你的肩膀安慰你，让你不要在意。

　　参加夏令营时，周围都是陌生人，他是唯一主动跟你打招呼的人，你们在那几天谈得来，他还总是逗你笑。

　　我的初恋就是这样萌芽的。她不会游泳，我鼓励那个不敢下水的女孩，教着教着就恋爱了。

　　我是幸运的，两个人都感觉到那种暧昧的氛围，后来也顺利地在一起。

　　但很多时候，这些对你而言是暧昧的瞬间，对另一个人来说是误会。

　　第一次谈恋爱，我们很容易忽略的是爱不是光靠一个人的感觉而已，而是需要两个人的经营。

　　也就是说，你有感觉，可是对方没有感受到，那么还是没有办法延续这段暧昧的关系。

甚至在还分不清到底是暧昧还是误会时就把对方套入自己的想象。

不过,我们要感谢那些让你学会"爱"的人。

他们让我们渐渐明白,爱跟想象的不一样,爱的本质并不完美,想要在一起光有单方面的爱并不够,必须两个人都有经营的意愿。

◆ 恋爱过程中很容易忘记沟通

当你们真的在一起,第一次处理感情的问题时,会遇到许多价值观的磨合。

他对你不够体贴,你总是让他吃醋;他上进心不够,你总是太严肃让他感到有压力……

一连串的问题对初恋都是考验。尤其在不成熟时,面对问题不愿沟通,不晓得该怎么沟通,甚至沟通好像也没有结果,干脆冷战,等对方低头求和。

刚开始愿意低头的,往往是对这种关系投注比较多感情的人。久而久之,情况若没有改善,爱还是会消耗殆尽。

初恋的存在,让我们学习沟通、包容和倾听,让我们在爱中成长。

但不要忘记,谁也无法保证将来能永远在一起。

人生、时间都是会让我们的价值观改变的因素。

该放下就放下，你宽容、原谅别人，其实是给自己留下一片海阔天空。

◆ 初恋的保存期限比想象的短

我写过一篇文章纪念那段懵懂青涩的爱情。许多读者看了很感动，还有不少人留言告诉我，应该把她追回来。

其实，故事里的女主角，在我们再次相见时已经结婚了，她牵着刚刚学会走路没多久的小女孩，过得幸福美满。

爱情的久别重逢，有时候不如想象的美丽。

初恋不见得会一辈子在一起，可是那个人会永远在你心中占据一个位置。

小时候以为初恋就是一辈子，长大后才发现初恋很少会一辈子，是它留下来的苦辣酸甜会让人回味一辈子。

初恋的重点从来不是能不能在一起，或者可以在一起多久。它的重点是让我们学习怎么去爱，学习面对失去，学习面对不甘心，学习替自己疗伤。

有趣的是，随着你认识的人越来越多，初恋的形象就会越来越完美。

由于对青春的缅怀以及对无言结局的想象，初恋会被美化。

别忘了，初恋只是一段回忆，我们该继续的是生活，那些错过的就把它们收在心里变成最美好的印记。重要的还是现在在你身边陪伴你的人。

曾有人问，既然初恋没有想象的美好，那为什么要在一起？

我们永远无法预知，谁将在你的生命中缺席，谁又会走入你的生命中。

如果你喜欢的人能带给你前进的动力，即便不能在一起，也值得一起走过一段旅程。

因为正是那段感情让我们第一次学会尽力在拥有时珍惜，在失去时放下，学会更成熟地处理未来的每一段感情。

必须告别的时候

前几年,我在脸书开了一个读者互助会的社团。

因为自从开始在脸书回复读者的私信,我发现无论什么年龄、什么性别,他们问的这些问题有着非常类似的状况——关于爱。

很多时候,仅仅将这些问题摆在一起,所展示出来的内容就已经完整到足够作为答案。

久而久之,我想,如果让有需要的人分享心事、得到回应,也让其他身处类似境遇的人发现自己并不孤单,这本身或许就是一种疗愈。

来信的对象有这些。

16岁,为学业和爱情迷惘的女孩。

20来岁，被伤害过几次，不再相信爱的年轻人。

30来岁，正在学习祝福前妻的离婚男子。

还有少数尝遍了爱情的甜和苦，经历过伴侣与世长辞的成熟的大人……

尽管每段迷惘和挣扎都是独一无二的，但字字句句的背后，想说的都是同一件事——**我想得到爱情，但我更害怕面对离别。**

这些问题实在很难回答。毕竟爱情的本质并不完美，生命就是一个不断有人离开或进入的过程。

学生时代会面临毕业以后各奔东西。

进入社会后成家立业，我们或许会和以前相知相惜的人分道扬镳。等到年纪再大一点，还会面对周遭的人生老病死的问题……

我只能拿自己举例子，希望我的故事能让那些受伤的心灵好过一些。

曾经有段感情之所以结束，不是因为吵闹，也不是因为个性不合，也无关物质，分开仅仅是因为在那个年纪，注定没有结局。

结束是因为彼此都很清楚，毕业之后，我们一个在南半球一个在北半球，感情难以维系，不如放手，让彼此都能拥有更广阔的未来。

那次为了不触景伤情，我们断得彻底，把对方从回忆中清空。删除脸书好友，删除合照，删除所有相处过的瞬间，然后约好一个时间在最初相识的那家咖啡店，决定从哪里开始就从哪里结束。于是，我们各自点了一杯榛果拿铁，走出咖啡店就代表一切从来没有发生过。

那杯榛果拿铁仿佛一个仪式，我以为这样就可以让自己不会心痛。

但感情不能说断就断，面对离别也从来不是说忘记就忘记。

她退出了我的世界，却还占据着我的记忆。

恋爱过程中最痛苦的莫过于明明没有忘记，却要骗自己毫不在意。

用了很长时间去努力忘记一个人，才终于明白，与其假装刀枪不入，不如就承认一下，自己没有想象的坚强。

忘记不是一个瞬间，而是一个过程；而真正的忘记不能假装，也不必努力。

我们爱过也被爱过，那些以为自己永远走不出来的事情，最后还是走出来了，只是谁也不会知道，再见以后何时还能互相笑着再说说从前。

多年以后，脸书推出一个寻友工具。

我收到一则"你可能认识她"的自动推荐通知。

那是她的照片，点进去一看，往事一幕幕浮上心头……

她过得很好，照片中她披着白纱，笑得很开心。

照片的日期是好久以前了。

来不及送上实时祝福的我,只能在脸书上点赞表达祝福。

回忆过去,其实有很多种心情。你笑了,说明你的放下;你哭了,代表你的在乎;你冷静,证明你的成熟;你感慨,表示你的爱还在。

有人问我,笑了并且感慨又代表什么?

我想,那代表爱升华了,变成了祝福。

生命太短,来不及见证天长地久,面对离别,关键是你面对它的态度。

不要害怕没有躲雨的屋檐,不必逃离心里的坏天气。

人的一生,一半是回忆一半是继续,即便最后面对离别终究是一个人,但只要心还没有枯萎,花不论在哪儿都会绽放。

爱的存在是一种内心的感受,重要的是,你们曾经相信过,也曾经爱过。

面对无能为力的离别,我们只能感谢所有曾经陪伴我们的人。

无论好坏,正是那些时光让我们的人生变得更有韵味,也证明了我们拥有持续相信爱的能力,这样就足够了。

如何面对初恋的失败？

初恋是懵懂青涩的，我们很难拒绝它的开始，也无法阻止它结束。前阵子，有个女孩写了一封有些沮丧的信给我。她朋友的哥哥失恋想不开跳楼走了，她很难相信这是真的，毕竟身边认识的人就这样离开，心中难以接受。

她想好好安慰朋友，不要让她把家人去世的痛苦一直深埋在心中，却又不知道该说些什么，只能告诉朋友："想打电话给我就打给我吧，我一定会接！"

陪伴是帮助朋友面对失败的最好办法，不见得要说些什么话，**静静地坐在有需要的人身边，就是一种力量**。

女孩的故事让我回想起大学时代的同学——唐娜，那个有点洁癖的女孩。

我对她的手机印象尤其深刻,她一定要给手机贴钢化玻璃的保护膜,希望这样能够保持手机完好如初的样子。

有一次她刚买的手机不小心摔到地上,钢化膜没破,但手机屏幕碎了。这让她自责不已,那阵子总把几句话挂在嘴边:

"如果我再买一个保护膜,手机就不会摔坏了。"

"如果我再小心一点,拿稳一点,或许就不会这样了。"

唐娜忘记了,对于那些已经发生的事情,不要总是用"如果"来责怪自己。

人生没有"如果",有时候难免会发生不尽如人意的状况,而我们需要学习的是"既来之,则安之"的道理。

不只是手机,她对感情也一样。她执着地希望感情可以维持一开始的样子。于是,谈恋爱的时候总是细心呵护,希望彼此关心,每天嘘寒问暖,不希望让小小的不开心累积到后来变成感情淡掉的理由。

爱不是你想要什么,对方就一定给。有时候就是因为个性不适合,再怎么关心、补救也没有用。

那些童话故事里的结局总是幸福美好的,但现实会告诉你不同的样子。

唐娜跟初恋男友分手后没能走出失恋的阴影,结果选择了结束自己的生命……

这让我每次听到类似的事件，心中都很沉重。

放下和看开这种话，说只要一下子，做却需要一辈子，甚至有时候一辈子都做不到。不过，也正是因为易说难做，才显得朋友的陪伴和劝慰更可贵。

一段感情的结束也许很难熬，但别让细枝末节的人事物遮住你心底的蓝天，太钻牛角尖的想法只会让两个人都受伤。

人生难免会发生不可预期的意外，再坚固的手机贴，摔下去以后屏幕还是有可能碎裂，刚开始固然会伤心难过，但存钱以后还是可以换一部更好的手机。

感情也一样，它的坚固，不是每天的擦拭、保养就一定能够维持，或强求得来的。

对于初恋，那段在青涩时光萌芽的感情，拥有的时候好好珍惜，离开以后默默祝福。

爱过以后，你会明白人不是物件，有时候你想给的不见得是别人想要的，但只要命还在，日子就可以继续过下去，把自己打理得更好，才能找到更适合你的人，还有独一无二的自己。

感情结束后，人都会有挫败感，但也是一个觉悟的过程，帮助我们找回独一无二的自己。

伤心难过的时候，别忘了有一种友情，有一种亲情，它们的存在足以抚慰你受伤的心。再给自己一次机会，找个信任的人陪着你，你会在伤害中学会让自己坚强。

第二章
相爱的磨合期

喜欢一个人很简单,互相喜欢一辈子却很难。

为什么总是找不到爱你的人？

  几年前有个夜晚，认识多年的闺密小琪打电话来，她满肚子的委屈。
  我问她怎么了。
  她刚在网络上做了一个塔罗占卜，测试单身的原因，抽出来的答案是："你的恋人住在天上。"
  她哀怨地表示："人生到底怎么了！为什么我到现在还是孤家寡人！"
  我拍手叫好，大赞准得不得了！
  小琪发出一个怒气冲冲的表情。
  我不再开玩笑逗她，让她告诉我网址，我进去看解答的内容是什么。

上面写着:

你的恋人住在天上。你用一个100%完美的幻想作为标准,唯一能给你的建议,就是等你从云端清醒的时候,才"有机会"步入爱情。

看完以后,我问小琪,有没有试着列过自己的择偶条件?

"有啊!要看着顺眼、身高体态适中,要独立自主,头脑要好,有经济能力,会照顾人,也要关心我、体贴我,不能太黏人,也要能听我说说话。"

"什么叫作看着顺眼?金城武你看着顺眼吗?"

"顺眼是顺眼,可是他太宅,不是我的菜。"

我相信小琪的择偶条件并不特别,身边有太多单身者所开的条件也差不多如此,可是或许大家都忽略了一个问题。

你的择偶条件很多都是互相矛盾的。

举例说明。

你想找一个独立自主、有经济能力的恋人,但你忘了他的生活重心多半是工作,就不见得有时间照顾人、体贴人。

你想要恋人关心、体贴,那他就必须先了解你的生活作息,但你又不喜欢他太黏人,那怎么可能?

或者,你想找的头脑好的恋人多半会有自己的想法,他可能只想要说话,不见得愿意听你说话。

我们可以从小琪的例子中反思自己的择偶条件是不是太过矛盾,以至于让你至今仍然脱离不了单身的行列。

喜欢一个人是一种能力,互相喜欢是一种运气,互相喜欢一辈子是一种经营,经营需要能力和运气,缺一不可。

小琪总是看不上身边的人。

直到去年我收到小琪的喜帖,她找到了自己的幸福,她告诉我她要结婚了。我替她开心,却也好奇这几年到底发生了什么事。

直到今年我们几个朋友聚餐,小琪才神神秘秘地说出答案。

"你之前不是说我的择偶条件有点矛盾吗?"

"对啊!你后来有新的择偶条件吗?"

"有啊!我们讨论完以后,我还看了另一个人的分享,她说再多的条件都没有用,其实只要看三件事就好。"

再多的择偶条件都不如这三件事:吃得来,聊得来,睡得来。

小琪列出的三件事说简单也很简单,说难也蛮难的。

吃得来除了口味相仿,也代表有类似的价值观。

有些人吃山珍海味还不满足,有些人只需要路边摊的一碗热汤,即便口味不是完全契合,但若是愿意接受彼此的喜好、考虑对方的感受,那就是一种付出。

很多时候,吃什么真的不重要,重要的是陪你吃饭的人以及吃饭的心情。

当遇到一个吃得来的人时,每次吃饭都是享受,即便不说话,也能享受那个宁静的时刻。

聊得来代表彼此能够沟通、相互欣赏,这样关系才能维持得长久。有些人刚认识是在互相理解不多时暂时聊得来。

"你喜欢听周杰伦的歌吗?"
"我只听黑胶唱片。"

"那家餐厅的菜蛮好吃的,你觉得呢?"
"我吃过更好吃的。"

"周末要不要出去走走?"
"我有点累。"

刚开始认识的情侣,有时候会为了了解对方而聊很多,但那并不代表对话的内容让彼此有共鸣。

我曾好奇地问小琪,真的有那么多话可以聊吗?

她说,也许日子久了爱情会升华成亲情,专属两个人的亲密话题少了，但生命在不同阶段有不同的话题。

真正相爱的人有太多可以聊的：人生、工作、理想、孩子、八卦……久了不是没话聊，而是彼此太过了解，培养出默契，一个眼神和一个动作就能代表千言万语。

她迈入婚姻生活前也自问过，能否想象老了以后和这个男人闲话家常的样子？而她也发现正是这份期待，让她决定步入婚姻的礼堂，与他携手共度一生。

睡得来指的不只是"啪啪啪"，更多的是"啪啪啪"后的安全感和自在。

睡眠占了一个人一辈子几乎三分之一的时间，如果你的伴侣和你睡眠不合拍，那么影响的层面可多了，容易造成疲劳、易怒、焦虑，进而影响日常生活。

小琪说，以前听过有些日本男人一辈子都没见过老婆素颜，实在很难想象。如果一个人总是在另一个人面前时刻保持完美形象，那样的生活得多累，连睡觉也不得安宁。

睡不睡得来，就是最最最严苛的考验。

只有真正相爱的两个人，才会愿意放下所有心防和脆弱，呈现最真实的自己，即便不完美也没关系。

小琪找到了属于自己的幸福，但最关键的，我想是她改变了看待人、事、物的方式。

一个人若只看到别人的缺点,那么任何感情都很难修成正果。每个人都有缺点,重要的是你愿不愿意给予包容。

　　若想找到一个完美的伴侣,必须用完美的眼光去看待每一个不完美的人。幸福从来不取决于两个人的关系是否完美,而是存在于彼此都享受相处中的所有酸甜苦辣。

出去吃饭到底谁该付钱？

我们身边都有一个女神朋友，她单身，喜欢在高级饭店打卡，常分享高级美食的照片。

偶尔一两次也就算了，可是频率太高了，由于你对女神知根知底，很清楚以她的薪水根本无法负担这样的生活。

不由得让人好奇，那些餐费到底是谁付的？

女神打卡分享的照片没有答案。

因为照片里永远不会有男主角，于是，你曾经不经意地提到类似话题。

她认为，你管得太宽，男生约女生出来吃饭，当然是男生要付钱啊！甚至还会反驳："我每天都在认真打扮保养自己，也要耗费时间和金钱。他找我出来吃饭，不只是想吃饭，还有欣赏我对自己的投资,让他出钱又有什么不可以?"

事实上,你根本不在意她到底跟谁吃饭,也不在意到底是谁出钱,你只是在思考当中的金钱价值观。

情侣相处约会吃饭到底谁该付钱?

这个问题万年无解,但德国哲学家尼采说过:"当你远远凝视深渊时,深渊也在凝视你。"也就是说,当你在观察对方有没有帮你付钱时,他也在观察你有没有付钱的意愿。

我相信,无论男女,当拥有足够的经济能力时,就不会去计较一顿饭的钱,更重要的是餐叙气氛和感觉。

身边有个工作经历丰富的男性朋友,喜欢交朋友,现在口袋深了更乐于请客吃饭。

他认为一个人辛苦工作,就为了让自己和喜欢的人过得更开心,所以喜欢找气质佳、品位好的女孩子一起吃饭聊天。

我曾试过让客观条件都不错的两个人配对,却没有擦出火花,性格有点类似的他们,对彼此的看法也很直接,就是女生认为男方忙于工作,男方觉得女生不够年轻,但彼此谁也没把话挑明。原本平行的两条线在短暂的交会后,又渐行渐远。究其原因是因为他们都认为自己可以遇到"更好的"。

"好"的定义因人而异,另一半永远没有最好的,只有最适合的。而当你爱上一个人以后,他/她就是你心中最好的、最无可替代的。

　　真正的重点不在于金钱，也不在于到底谁应该满足谁的物质欲望，而是就算满足了物质欲望，还是不该忘记在爱你的人身上多花些时间。
　　因为那些体贴和关怀，才是人与人长久的相处之道。

为什么你总被"已读不回"?

为什么会在意"已读不回"?多半是你爱上了一个人,却没有得到回应。

曾有个朋友分享过这句话:"喜欢一个人的时候,生怕少打一句话后悔,多打一句话又怕误会。"

有个女孩喜欢同班一个同学,她心慌意乱,不知道该怎么办,又怕发短信询问让对方感到困扰。

最终她选择主动出击,但发完信息等了好久都没有回应,她被"已读不回"了。

虽然怕对方觉得她在骚扰,但她又发短信问了几次,还是没有收到回应。

她认为爱情应该主动出击,最后决定主动找到对方,当面问清楚。

"我对你的示好,让你很困扰吗?"

"不会困扰,只是也没什么回应的必要。"

"为什么?"

"因为我没有喜欢你,不想你误会,也觉得没有回应的必要。"

女孩被彻底拒绝了,却还是不死心。即便周遭的朋友都劝她放弃,但她认为彼此之间的缘分不该轻易结束。她沮丧又无奈地问,不是应该主动一些吗?

是应该主动出击,但主动出击,是要你先对得起自己,不是要你强求一段感情。

无论是梦想还是爱情,都是一种"坚持"和"妥协"的拉扯。

当一个人选择已读不回的时候,如果不是太忙或者误会(没看到,没收到之类的),那么他已经回答你的问题了,只是这个答案你不想接受,也不愿意接受。

已读不回是令人难受的,但真正让自己难过的是仍然执意追看手机的自己。

我告诉那女孩:"失望以后还是赶紧离开吧!转移目标,

写下自己曾经想做却迟疑不决的事，列一份愿望清单努力去实现它。"

"可是，我就是走不出来，他到底为什么不喜欢我？"

她说得很委屈，我听得很生气！

人生没有那么多"可是"，没有那么多八点档的剧情，如果你自己都不愿意开始，别人再怎么劝也没有用。

终于，她静心写下愿望清单，不再废话，不再替自己找理由。在愿望清单上，有一项是毕业前去跑马拉松。

她把重心放在这件事上，经过一年多的训练，完成了马拉松项目，整个人变得精神奕奕。

完成马拉松后，她告诉我，她终于明白我说的那句话——失望过后还是赶紧离开。

有些话心痛时不会懂，必须走出来了才明白。

原来自己死缠烂打的样子，等伤口好了你只会觉得特别难看。

不过，我想提醒的是，真正让女孩走出来的不是马拉松，而是完成目标的喜悦和成就感。

若你也是一个被"已读不回"的人，觉得自己没有人爱，真的不要让自己难过太久，学着转移生活目标，把重心放在自己身上。

感情强求不来。爱就像歌中唱的那样，让人一夜长大。

先学着长大，为自己而活，不是为了满足别人的期待而活。

尤其在一开始就注定没有结果的时候，趁着自己的伤口还不太深，赶紧学着转身，不要用侥幸的心态去尝试。

你的时间不是拿来挥霍的，过程中有遗憾有失去，慢慢地会遇到一个人，跟你一起学着珍惜彼此的存在。

我的学弟是个出了名疼女友的人。

他平常不会在自己的脸书上发照片，但吃饭时非常喜欢拍照。

我曾好奇地问："你又没有经营粉丝团，平常也没在发照片，到底是拍给谁看？"

"我确实很少在脸书上发照片，但我会发给我喜欢的人看，如果她下次想来，我就会带她来。"学弟说话的样子神采奕奕，眉宇间都是柔情。

他做什么都会想到女友，就连我家附近开了一家日本料理，号称"新北十大日本料理"，不能预约，每次排队至少都要一个多小时才能入座用餐，他也不嫌麻烦，外带给女朋友尝鲜。

真爱上一个人时，全部的心思都是他。你根本不会忘记，也不必刻意记得。 想到对方，跟对方分享自己的心情，一切都是自然而然、不由自主地发生。

这份爱若传递到对方的心里，对方也会这么对你，彼此有了安全感，当然就不会在意"已读不回"的存在。

找个会跟你一起哭、一起笑、一起骂的，而不是冷冷看着你哭、看着你笑，在背后偷骂你的人。

向"已读不回"挥手说声再见吧！你可能也让别人在等。

有些人为何总想要测试对方的爱？

不晓得你有没有听过这个问题。

女友和妈妈同时掉进水里，你会先救谁？

这是一个测试恋人的经典问题，我们总想从恋人的口中听到"先救你"。

而想测试爱情的人通常有两种。

- 刚刚在一起的情侣。
- 缺乏信赖感的情侣。

刚在一起的情侣缺乏安全感，会想通过测试对方，来证明自己在对方心中的重要性。

热恋期间，这些测试恋人的问题可以被视作一种情趣，凸显彼此在恋人心中的地位，证明彼此是相爱的。

　　但有些爱情测试，只会破坏彼此之间的关系。

　　因缘际会，有个女孩告诉我，她和男友在一起一个多月，男生常玩失踪，经常联络不到人，聊天内容也只剩下基本问候。

　　万圣节那天，女生接到一通电话，一个自称男友老婆的女人打来电话，说他们已经结婚四年，如果再发信息就要告女生破坏别人的家庭！

　　这让我的朋友担心了一整天，第二天她才联系上男友。男友告诉她说那是万圣节开的一个玩笑，想看女生会不会生气，够不够爱他。

　　这个玩笑开大了，女孩已经不知道什么是事实，到底还该不该相信这段感情？

　　确实，这个玩笑一点都不好笑！

　　为了测试一个人是否爱你，挥霍掉彼此间的信任，实在太得不偿失了。

　　那次愚蠢的测试，最终断送了两人的感情。

一段刚开始萌芽的感情，不具备足够的信任基础，它是拿来呵护的，不是拿来做测试的。

　　人与人相处久了，会越来越了解一个人，你会清楚地知道他或许是个表里不一的人，嘴巴说得再好听，也做不到口中的承诺，一切都是白搭。

在一起久了，难免会想测试对方到底还爱不爱自己，到底是不是心口如一。所以，这就会产生另一种信赖落差，导致爱情又要被测试了。

一对爱情长跑多年的情侣，热恋期的时候，男方出于工作缘故，常常出去应酬吃饭，难免接触到一些莺莺燕燕。

一开始女生能够接受他的理由，他只是为了工作，并不喜欢这种场合，甚至会替男方找借口；但日子久了，摩擦多了，怀疑渐生，她暗中找私家侦探测试和观察男方的一举一动，看看他有没有对不起她的地方。

男方在毫不知情的情况下通过了考验，可是女方心中还是有疙瘩，最后还是结束了这段感情。

测试到底有没有用，我想当彼此失去信任后，与其说该不该相信他，不如去思考，想不想相信他。

对我来说，真爱一个人不需要测试，只需要好好珍惜。**毕竟真心经营一段感情，每天都是考验**，不必多此一举再测试。

有个朋友一年前得了癌症，生病前他和交往五年多的女友说好一起去日本打工旅游。

一切计划被癌症打乱了。当时正在养病的朋友没办法到日本打工旅行。

他的内心很纠结，到底应该让女生留下来陪伴自己，还是让她去日本完成梦想?

女生后来留了下来,决定陪在男友身边,等他调理好身体再出发。

他们通过病魔的考验,爱情得以继续下去。

后来,两个人一起到日本打工旅行,回来时却只剩下男生一个人。

朋友说,他们到日本没多久,女生认识了一个台湾地区的人,很谈得来,相处没有压力,最后,他们协议分手。

整个过程在外人眼里看起来是好聚好散,但他的心会偷偷难过。这对他的打击很大,他总会不由自主地想,如果没有生病该有多好,女生就不会跟别人走掉。

这段感情的结局让我替他心疼,但身为局外人,我也只能劝慰他别去责怪自己,不是因为他生病才让对方离开。

真正愿意留下来的人,怎么赶他走他都不会离开;但一个人不愿意留下来,总会找到理由和你说再见。

有一句话说得好:"生活本来就是一坎接着一坎来,重重的幸福还需要走过层层的弯。"

就好像我的朋友,他的爱情就算通过病魔的考验,却敌不过现实的摧残。

我们所有人的爱情都一样,或许能够共患难,却不见得能敌过平淡。所以,当你遇到一个心有灵犀的对象,何必去测试一段感情呢?

人生有很多的无奈，生活也有太多的难题，而时间永远是最残酷的老师，会替我们筛选出愿意留下来陪伴我们的人。

如果真心跟一个人在一起，不必去测试爱情是否脆弱，而应该享受在一起的喜悦，不是吗？

总是爱得好累,是因为你没发现自己给错了爱的礼物

你有没有听恋人抱怨过,在一起好累?他不见得会直接向你抱怨,但身边共同的好友会偷偷告诉你。

可是,你明明为这段感情付出了那么多,为什么对方却没有感受到?

你们相处时不见得会吵架,但总有小摩擦,而且绝大多数的争执,都是你先道歉,就算没错也会道歉。

你总以为低头道歉就好,何必让两个人难过这么久?直到某次吵架,你虽然不懂症结点在哪里,但已经习惯用道歉息事宁人。

你的说法对方并不满意,认为你"不懂",你不是"真心

道歉"，最终吵着吵着，好像只能用分手才能解决。

曾经有个朋友向我倾诉，她对一段感情付出很多也很用心，但对方根本感受不到，她虽试着表达自己的内心想法，却无法让对方理解，久而久之只能相对无言。

她告诉自己，爱是包容、是体谅、是信任；可是恋人却说，不懂感情该怎么继续下去，两个人相处很累，想分开冷静一阵子。

这样类似的状况很多，很多人一辈子也想不通，到底哪里出了问题。

曾几何时，我也常跟女友起争执，尽管是爱对方的，但却总看到对方的不足。

每次吵架后，一定会出现下列几句话。

"唉！早知道就不说那种话了。"

"心好累，明明不想吵架的。"

其实，我们都很重视这段感情，彼此都想维持亲密的关系，但当对方犯错时却忍不住指责，最后变成争执。

试想，如果人心是一个盒子，可以用来储存爱恨嗔痴，那么你们帮彼此注入的是什么？

当注入了爱时，盒子就能累积更多爱的礼物，一旦你的心填满了爱的礼物，那么就会感觉两人的关系良好，幸福满满。

相反地，如果盒子里注入的是贪嗔痴，甚至盒子里的"爱"

空了，你就会感到不满。

有个寓言故事是这么写的。

小白兔去河边钓鱼，但总是一无所获。

第一天如此，第二天还是如此。

第三天小白兔刚到河边，一条大鱼跳出水面对小白兔大喊："你要是再用胡萝卜当鱼饵，我就扁死你！"

你是不是也犯了跟小白兔一样的错误？

你给的只是自己想给的，并不是对方想要的。

活在自己的世界里，按自己的想法付出，根本没有价值。

对我来说，爱很重要。也许就是因为太重要了，太想维持关系，于是，当心中爱的礼物被耗尽，害怕爱情消失时，就不由自主地用"争执"引起注意。

这并不代表我们没有向对方注入爱情。事实上，我们两个都很认真地维持这段关系，只是选错了给彼此"爱"的礼物。

对我的女友而言，爱不是否定她的做法，而是倾听她的话，并且得到肯定。

她喜欢听我说："你好棒！""你最体贴了。""有你真好。"

从我的话中感受到我的爱，这是分开后我才懂得的。

有一种爱的礼物是给予肯定,并非一味否定。
这往往是两个人分开以后才会懂的道理。

那么,在这段感情里,你们给对方的爱的礼物是什么?

有些人认为,注入爱的办法是争执时先"道歉"。
有些人会用外在的东西吸引人。
有些人有金钱、权势或良好的家世背景,以为只要满足了对方的物质欲望或者虚荣心,就可以得到对方的爱。
你有跑车,你有好工作,你有钱,你拥有一切,但或许根本不是对方想要的。
你的恋人到底想要什么,只有真实地在他身边和他相处过的你最清楚。

如果只知道为爱付出自己的全部,却没有思考过到底是不是对方要的,那么最终一切只会是错的。

于是,心没有被爱滋润,感情只会逐渐干涸,导致双方都累得走不下去。
有些问题,不是逃避就能解决的,必须学会面对,不然未来不管遇到谁都会发生一样的状况。

人的成熟是由两部分组成的，一半是对美好的追求，一半是对残缺的接纳。

"爱"这份礼物，不是你能给才表示你有，而是你给了你就有了。

关键是，找到属于彼此爱的礼物，注入对方的心房，彼此才能感到幸福。

一段感情面临有一方必须做出牺牲的时候，谁该迁就谁？

很多女性在不同的阶段都会遇到类似的状况。

"男朋友想北上工作，我该不该离开自己南方的家人跟他一起去打拼？"

"跟交往多年的男友论及婚嫁，结婚以后到底要不要辞掉工作回归家庭？"

"结婚生了小孩，是不是应该辞掉工作，回家相夫教子？"

归根结底，这些都是同一个问题：

一段感情面临有一方必须做出牺牲的时候，到底谁该迁就谁？

二三十年前，在我们父母的年代会常听见一句话："嫁鸡随鸡，嫁狗随狗。"

很多女性会以家庭为重，为了爱情和婚姻放弃自己的前程，不再拥有自己的名字，回归家庭以后变成了某某人的太太、某某人的妈妈。

为什么女人总在人生的某个阶段就很容易失去自己，成为别人的附属品呢？轮到你面对这个问题的时候，你会怎么选择呢？

前几年，我认识了单身的小芳，那时 24 岁的她尚未论及婚嫁，听到这个问题的时候，头一仰、发一甩，用一种新时代女性的口吻说：

"我才不想失去自我，我为什么不可以同时拥有工作和爱情？妈妈所处的年代，爱情是长久的，现在爱情太像快餐了，我不想自己的人生被绑住！"

三年过去，小芳 27 岁，有个到适婚年龄的男友。

她奉子成婚，男方希望结婚生子后，小芳能够请辞回家专心带小孩。

原本说得轻巧，但真的遇到需要取舍的状况，她开始迟疑了。加上身边的朋友、家人、长辈，都希望小夫妻可以男主外、女主内，建议小芳辞掉工作，回家成为一个好太太、好妈妈。

于是小芳问我："大家都说我应该回归家庭，这样可以多一点跟小孩相处的时间，也可以省一点保姆费。我真的应该辞掉工作吗？"

"可是，你的工作蛮有发展前途的，现在一个月赚三万多不是吗？"

"对啊！可是扣掉交通费、餐费，还有保姆费，也没有多少了。我老公说，他赚的钱已经够养活我们了，他不希望我那么辛苦，他认为我留在家里照顾小孩比较好。"

"现在虽然辛苦，但三五年后你可能得到更多，"我想了想说，"而且如果你只是为了省下保姆费辞掉工作，以后要再回到职场，可能就没有你的位置了。"

我把话说得很明白。

爱，不该只是一味地退让，更要懂得替自己提升价值。

对这事反应最激烈的就是小芳的妈妈。

她坚决反对小芳辞掉工作，回家当个贤妻良母。

她说她自己就是个例子，30年前选择相夫教子，把一切都奉献给了家庭，30年后，小芳的爸爸事业发展不错，醉心于事业，现在孩子长大了，有了自己的世界，小芳的妈妈突然发现自己不被需要，大家都有事忙，只有她好像一辈子都在为了家庭劳心劳力，找不到生活的寄托。

她抱怨了几次，老公认为她在无理取闹，以前她没有那么烦。小孩觉得长大了本来就该有自己的人生，以前妈妈很唠叨，现在更爱碎碎念，小芳的妈妈丝毫感受不到被尊重，决定离婚寻找自己的人生。

全世界的人都觉得她傻,青春没了,什么好也没讨到,但她就是不愿意将就地过完一生,不愿意维持表面的幸福。

她说,女人应该勇敢地为自己而活。
虽然她离开被人认为傻,但她选择自由。

相信每个女人都遇到过小芳的状况,其实无论你怎么选择,都没有错。

爱,有时候会让人愿意做出许多牺牲奉献的事,但人还是要维持自己的独立自主,把一切的经济、感情都寄托在别人身上,那些用单方面牺牲奉献编织出来的美丽糖衣,最后可能就像安徒生童话里的小美人鱼一样成为美丽的泡沫,一碰就破。

爱需要彼此配合,互相迁就,而不是一个人单方面的牺牲奉献。

有一种爱是受委屈以后对方愿意站出来替你说话

两个人到了见家长的阶段遇到阻碍,该怎么办?

相爱是两个人的事,但复杂的世界让我们考虑的事情越来越多。

有一道经典的爱情习题,你大概也听过,那就是如果父母不喜欢这段感情,到底该怎么走下去?

相信很多人都听过一个答案:"感情是两个人的事,每一段感情都是独一无二的经历,就算不被看好,也值得一起努力。"

我们真的要替这一段爱情经典语录拍拍手,打气勉励,但回归现实层面吧!

一段不被接受的爱情，需要的不是勉励，而是解决的办法。

面对长辈的压力到底该怎么努力？

抽丝剥茧来看长辈施加的压力，大致可以分为两种：

自己的爸妈不喜欢对方，对方的爸妈不喜欢你。

◆ 当你的家人不喜欢对方的时候，应该怎么办？

　　通常遇到自家人不喜欢对方的时候，还在热头上的情侣听不进任何反对的意见，甚至越反对越想证明两个人是真爱，会希望跟对方一起克服万难，就算父母不同意也会在一起。

　　就像莎士比亚的旷世巨作《罗密欧与朱丽叶》那段可歌可泣的爱情故事，两人面对家族累积已久的爱恨情仇，双双殉情。

　　很多向往爱情的人都曾为这个爱情故事落泪，但更多走过来的人会明白，没有什么是比生命更重要的，只有愿意活下去的人才能走得更远。

　　曾有个女孩笑着跟我分享她爱过以后的体悟。

　　"有时候只是当下不愿意承认两个人的不适合，只是为了证明自己可以，直到伤害越深，明白越深，爱，实在没必要打肿脸充胖子。这段经历必须自己去体会，只有受伤后才会清醒。"

　　其实，别忘了，人与人之间不需要完美，适合就好。

在爱你的人眼里，你自然有许多的好，是世上其他人再好也比不上的。

◆ 如果恋人的爸妈不喜欢你，该怎么办？

我曾遇到过一个比较消极的女孩，她就不太会处理这种问题，每当遇到不被喜欢的情况，就想打退堂鼓。

但如果真的有心想要走下去，还是要弄清楚不被喜欢的原因。

"为什么？不喜欢就是不喜欢。"她疑惑地说，"很多时候就是一种频率不对的感觉，或者对方的家长根本不愿意说，这个时候还不如糊涂一点的好。"

我告诉她，还是需要弄清楚究竟是什么原因，要结束也不要做个糊涂鬼！

当对方家长有意见的时候，更应该搞清楚不喜欢的理由到底是由于刻板观念造成的印象，还是生活习惯产生的偏见。

若是由于刻板观念造成的印象，好比说对方的父母不喜欢女大男小，或是本身就有"省籍情结"等这些根深蒂固的观念，你若还是要继续爱下去，就只能选择包容。

若是对方父母不喜欢的理由是，你在刚开始见面的时候太害羞，不好意思打招呼，或者吃饭时曾有一次因为工作关系迟到……这些误会则有可能化解，充分沟通后，彼此的关系极有可能还会变得更紧密。

两个人走在一起，刚开始也许是两个人的事，最后往往会变成两家人的事。因此，当对方家长不喜欢你的时候，恋人的态度更重要。

有一种爱是受委屈以后，对方愿意站出来替你说话。

厘清原因后，两个人要成为彼此的支持。只不过，感情这种事情不到最后谁也不晓得会有怎样的结局。

所以，记得提醒自己豁达一点，有缘能够在一起，就算没有走到最后也不是你的错。即使需要一些时间，但幸福一定会在未来等待，你会遇到更适合你的人。

无法保持爱情和事业的平衡,代表你忘记了……

朋友 A 和女友从大学交往到步入社会工作。

他总想闯出一番大事业,这几年拼命工作,成绩也算不错。

可是,老套的故事发生了,事业渐上轨道以后,爱情就出了状况。

A 和大学相恋至今的女友本来已经论及婚嫁,但最近闹了一个多月的分手。

女生认为 A 把工作摆在第一位,忽略了她的感受,即便 A 得知后尝试调整,但来不及了,女方决定暂缓彼此的关系。

"我听到她想分手的理由后,挺纳闷的。"A 说。

"为什么?"我问。

"因为她很独立啊！思想也很成熟，怎么会为这种事情不开心？我又不是出轨，我只是在为了我们的未来努力……"

A有点委屈，我知道他不是个花心的男人，他只是事业心比较重。

他的女友告诉我，她也有自己的人生追求，她也有一份体面的工作，她不黏人，不是那种经常打电话向男友寻求安全感的女人。

"客户临时要求修改数据必须加班。"
"老板突然要做部门检讨会议，要求所有人都留下待命。"
参加工作后，两人相处的时间总被突发的工作所占据。一次、两次、三次，她都可以接受，长久下来，她永远是被忽略的那一个。

"他工作上的临时安排永远比我们约好的事重要，如果是这样，我们真的可以一辈子生活在一起吗？他把我的存在视作理所当然，难道我天生就应该为了他牺牲奉献吗？"

恋人竟然比不上一本任她挥洒的日记，比不上一整夜陪着她宣泄情绪的电台DJ，比不上一首反复播放让她痛彻心扉的情歌……那么要这个恋人又有何用？

现在的社会，你有你的目标，他有他的追求，决定在一起以后，很多人的想法很单纯，顺其自然就好。

顺其自然不代表不用努力，而是要有勇气承担尽力过后的结果，无论好坏。

然而，爱有时候是不能"顺其自然"的，尤其当你想要让它变得长久时就势必要有一方做出调整。

独立不代表就应该被忽略，你必须让对方感受到是被爱的。

每个人感受爱的方式不同，基本上分为四种。

- 对某些人来说，爱就是相处的时光。
- 有些人觉得，爱就是肌肤之亲。
- 有些人觉得，爱就是被所爱的人倾听和肯定。
- 还有些人感受爱的方式，就是对所爱的人肆无忌惮地表达情绪。

A 和女友出现分歧，是因为**他们都希望以自己感受爱的方式来被爱**。女方要的是相处的时光，A 要的是对所爱的人肆无忌惮地表达情绪。

然而，当有一方总是把对方的付出视为理所当然时，爱就会枯竭。

你看到所有人的需要，唯独忽略了那个一直陪在你身边的人。

你可以对所有人都好，唯独要求那个爱你的人对你多多担待；你愿意替所有人排忧解难，唯独总是让那个爱你的人替你苦恼。这样不只是你活得辛苦，爱你的人也很痛苦。

维持工作和爱情之间的平衡，必须谨记两个重点。

• 跟所爱的人相处，不能一直被当作一件重要但不紧急的事情。

• 那些藏在心里的愧疚和挂念，不能等到某个特殊的日子才来表达。

工作的突发状况或许难免，但往往你只记得替撞期的工作会议改期再约，却忽略了跟所爱的人相处也需要一样的处理态度。

一个真正成熟的人，无论男女，首先会先关注自己在意的人，再发挥余热去帮助其他的人。

美国时任总统奥巴马，堪称世上最忙碌的人之一，他曾在2016年父亲节演讲时说过：

当我回忆一生，我不会想到任何我通过的特定法案或力促的政策。但我会想到妻子和我一起走过的岁月，女儿的舞蹈演出和网球比赛，我们在一起的对话和我们一起共享的静谧时光。

我会想我是否做对了，是否让她们知道每一天我是如此地爱着她们。

不管你是谁，是总统还是平民，真正能体现担当和责任的是爱你的爱人和家人。

A的心里对这段感情很不舍，他感觉很抱歉，把这份感情搞砸了。但抱歉没有用，我们长大以后都很清楚自己所做出的任何决定不可能讨好所有的人。

有时候，我们的决定甚至会伤害到所爱的人，那就不该只是抱歉，而是要思考如何弥补。

相处久了，发现问题后说"抱歉"没有用，更重要的是思考如何弥补，让对方感受到被爱、被珍惜。

既然之前没想过对方要什么，那么现在就开始想想吧！

做错的事，不必再找借口，如果真的有心，给彼此一点冷静的时间，想想他喜欢什么，想想你该做什么让他喜欢的事吧！

A 调整工作长达三个多月,他们终于和好了。他的女友说,要原谅他,真的很难,而让她回心转意的一点是,彼此都仍然互相关心,这一点没有变。

工作和爱之间没有适当的平衡,只有两个人愿意关心彼此,愿意面对问题,并且做出调整,才有机会翻开人生的新篇章。

爱情需要讲究，而不是将就

你纳闷过，为什么身边的朋友都有对象，自己条件明明不差，可是至今还是单身吗？

你发现时间像一把刀，那些两性议题的讨论，年龄好像变成了首要条件，尤其是女性，再多的美好都比不上青春。

令人沮丧的是，社会大众对单身的人有着更为严苛的称呼，口袋空空的单身男性被称作"鲁蛇"，女性更惨，不管有没有钱都被认定为"败犬"。

这些难听的绰号，别人总是用开玩笑的语气说出来，却在你的心里捅了好几刀。

前几年，你为了不想变成别人口中的"单身公害"，因此身边的朋友替你安排几个条件不错、到了适婚年龄的对象时，你刚开始会犹豫再三,最后为了尝试着认识更多的新朋友而选择接受。

那些人学历高、收入高,但几次的吃饭聊天后,你却意兴阑珊。好几次下来经验都一样,不外乎是陌生的两个人,彼此关系仅仅是朋友的朋友,约在一家情调不错的餐厅用餐,客套几句后,对方虽然没明讲,但意思就是:

"我觉得你条件不错,我也 OK,那干脆就在一起吧!然后结婚生小孩,'凑合'着过一辈子吧!"

可是,你搞不懂为什么吃过一顿饭就要谈婚姻?为什么一定要仓促将就?

不晓得曾几何时,你遇到的对象有钱、有闲,偏偏就是不愿意坐下来好好谈一场恋爱。

人生变成了结婚生子、传宗接代的竞赛,而不是跟谁好好地过一辈子。

更可怕的是现在年纪大了一点,身边的人谈起你,习惯用一句话概括:"你太挑了,不好追!"

偏偏这几年根本没有人好好地追过你,你也没有好好谈一次恋爱的机会,却早已被周遭的人认定为"难搞""太挑",一定是因为有什么问题才会到现在还单身。

"单身"两个字似乎成了标签,替你贴上了"挑剔""强势""难搞"的标签。

你开始糊涂了,到底是结婚比恋爱重要,还是应该先恋爱后结婚?事实上,你不是难追,也不是太挑,只是你要的是爱情,对方要的是婚姻,想要的不一样,就无法"凑合"了。

这反而代表你是一个有能力的人,清楚自己想要的是什么,你当然不会选择将就。

你有能力,也愿意对所处的世界做出适合自己的决定,对自己的人生负责,不浪费时间选择凑合着过,只是偶尔还是会害怕得不到。

因此,当时间嘀嗒嘀嗒地流走,身边的人似乎都已经找到了专属的幸福,你会好奇和迷惘。自己是否做错了什么,导致至今仍然单身?

其实,你根本没有错,只是每个人想要的不一样罢了。

这世界选择妥协的人太多了,因此每一个选择不将就的人更需要勇气。你替自己的人生做出选择,不将就,不浪费时间,何错之有。

你的讲究也许会吓跑一个不爱你的人,但绝不会吓跑真正的爱情。因为真正的爱情禁得起等待,真正想跟你过生活的人会愿意给你时间,而不是只图个新鲜,把生活经历当作赶进度,最后步步走,步步错。

与其选一个自己不见得喜欢的人过一辈子，不如按着自己的意愿走下去。

等到有一天，你遇到了那个属于你的人，再回头看，也许反而会感叹，好的对象，想要的生活，就是需要一点坚持、一点陪伴、一点时间。

或许生命终将错过一些人，却也正是他们才让我们懂得幸福的可贵。

那时候，你会感谢当初自己的坚持，最终找到这个最适合自己的人。

相爱多年,感情淡了以后怎么办?

父亲前几天分享了一个故事。

他的老朋友从小读书好,工作努力,小有成就,对感情还很专一。他和太太生了两个小孩,组建了一个外人看似幸福快乐的小家庭。

可是,男人自知不是家人心中最称职的丈夫和父亲,他总是奔波忙碌,待在家中的时间很少。

十几年来,每天他跟太太的对话不超过十句,但他很努力,努力了好久,终于买了一套大房子。

前阵子,他和太太搬新家。第一天晚上男人整理杂物的时候,意外地在其中一个纸箱里发现一个铁盒,里面藏着一大沓卡片。他停下手边的整理工作,专注地看着卡片上的话。

看着看着，男儿泪就这么掉了下来。

卡片的内容全是别人写给太太的情书，那个陌生的男人幽默风趣，说太太是他的灵魂、生存的理由，毫不吝啬地赞美她的美丽、善良、多才多艺，总令人念念不忘。

陌生男人的信中写道，他想给她最棒的日子，不见得是一套大房子，但会对她无微不至地照顾和关心。

铁盒中也有太太写的卡片，写道："她不需要一套大房子，两个人在一起安安稳稳地过日子，才是她最渴望的。"

信中的男人似乎爱他的太太很深很深，总有说不完的甜言蜜语，一起规划未来，讨论梦想，还提到了要生两个小孩，一起看遍全世界。

父亲的朋友看到情书，看到这些字里行间流露出的热情，他感到前所未有的嫉妒。他只想问，这个男人到底是谁？

听到这里，我吃惊地问："没想到那么传统的阿姨居然有外遇！"

父亲说，不是这样的，那些信是两人30年前写的情书，她一直珍藏至今。

接下来好多天，男人被那些卡片和当年的自己打败了。

很多人都是这样，相处久了，爱淡了，被自己当初的誓言打败了。

时间难以倒回，一转眼过了好多年，因为工作、孩子，他总是错过自己和妻子相处的时间。

家变成了旅馆,老婆变成了室友,爱似乎已经不在。

"那么,到底要怎么样才能修补破碎的爱?"我问。

父亲说,他的朋友做了一些努力。

首先,他学着赞美对方的付出,并且想起卡片中要去看看世界的承诺。

他开始每年安排两人出游的时间,开始制造惊喜,偶尔买一枝花,或是妻子喜欢的桂圆蛋糕,陪妻子听喜欢的相声、歌剧,还有时不时用通信软件录一首老情歌给她听。

然后,腾出两个人独处的时间。

他们偶尔看电影、下下馆子,或者什么都不做,他就牵着妻子的手在楼下的公园散步,让生活除了工作、小孩、柴米油盐的琐碎,还多了一点共同的期待和兴趣。

最后,男人写下以前两人想做却还没有做的10件事,决定在未来的日子一一执行。

他们约定好到土耳其看热气球,到冰岛看极光,到俄罗斯感受北国风光,一年完成一个环游世界的梦想。

听到这里,我对父亲说:"这些事不困难,最困难的地方是要有钱。"

父亲听了不以为然,他告诉我,最困难的不在于钱,而是人到了五十几岁还愿意改变,愿意为爱坚持和付出。

"你知道,女人最感动的地方是什么吗?"父亲问我。

"每年都可以出境去玩?"我说。

父亲摇摇头。

"是每周固定独处的时间?"我说。

父亲还是摇摇头。

看来我真是没有慧根,父亲最后说:"是男人和她一起写下那些想做却还没有做的 10 件事的时候。"**那代表着他还如同当年一样,愿意在她的身上花心思。**

每一个人在不同的人生阶段有不同的追求,感情淡了以后,能够维持那份爱的是愿意理解彼此的那颗心。

遇到一个你愿意持续去理解的人,或者遇到一个持续去理解你的人,二者只要拥有其一,就是一种幸运。

第三章 分手后的状态

牵手是两个人的选择,
放手是一个人的决定。

"还好你失恋了。"走出失恋的阴影只有这个办法……

分手有许多类型,但终归无论在一起多久,都敌不过一句:"感觉淡了。"一个人选择离开,另一个人被抛在原地。

失恋疗愈的过程可以分为四个阶段:挽回、心痛、沉淀、放下,每个阶段都需要一点时间适应。

在失恋的挽回阶段,不被爱的那一方不会把自己搞得很狼狈,通常会维持表面的正常,先试着努力一周到两周的时间,等到发现对方的心再也回不来,甚至有了新的对象,才会认清现实,开始折磨自己,感受到心痛。

心痛最可怕也最难熬。

有的人分手后，吃不下睡不好，动不动掉泪，心中充满负面的想法，要多痛苦就有多痛苦，甚至连想不开都有可能；还有些人会强颜欢笑地与对方再见，祝福对方然后自己躲起来偷偷哭泣。

沉淀时，终于明白我们每次做决定就要为此负责，**不必紧握没有爱的爱情**。

我最讨厌的莫过于，提分手的那一方因为罪恶感满足对方的要求，让舍不得的那一方依旧认为有希望。

那些选择说"再见"的人，一定经过理智的思考；可是被放下的那一方，大多舍不得、放不下，甚至惯性地想回去依赖。

但扪心自问，如果真的要你回去重复经历那些纠缠不清的事，你还会愿意回去吗？

我们可以原谅很多借口，但不要故意欺骗自己的心。

所以，若你的答案是不愿意，想要走出来，不再失魂落魄，那么应该被恭喜才是，你的理智依然存在，它在告诉你感情已经结束了，不需要跟一个不爱你的人藕断丝连。

接下来，终于来到放下的阶段。

在此提供给大家两个法则：

一个是"为什么"，一个叫作"还好"。

人遇到问题时的本能反应是问"为什么",总想要追根究底找到原因,但分手请不要继续使用"为什么"法则,那样多半是不快乐的。

怎么说呢?你总会不由自主地问:

- 为什么他不爱我?
- 为什么他不愿意继续走下去?
- 为什么他不把我们的爱情当一回事?

其实这些问题都没有意义,因为在爱情里面,**"不爱了"就是最好的答案**,相信你也早已了然于胸,只是为了让自己更好过才钻牛角尖。

当你的念头只有"为什么",是不会让你更好过的,只会让你陷入一个负面的循环,想走出来必须运用"还好"法则。

把你所有的念头换成以"还好"开头吧!

- 还好他离开我了,我才能找到一个更好的伴侣。
- 还好我们没有在一起,不然一定过得更不开心。
- 还好周遭有朋友陪着,让我知道身边还有温暖。

善用"还好"法则才有机会真的放下。

不是你的，强留也留不住。人生是一种承受，必须学会支撑自己。

每个人的心都曾碎过，但修补最重要，沉溺在负面情绪里不会有更好的结局。

也许你的生活有了他会很不一样，但没有他，日子还是要过，而且势必要过得更勇敢独立坚强。

你可以有一段糟糕的爱情，但不能放纵自己过一个烂透的人生。相信所有的道理你都懂，可是能安慰你的不是道理，只有你自己。

这句话听起来苦涩，却也能让你明白，分手让你失去一个人，也能让你在这段时间厘清思绪，找回最纯粹的自己。

该怎么面对自己的不甘心？

有一种很糟糕的分手状态是刚分手没多久，对方就找了一个新对象！

你发现对方的所有理由只是把你抛开的借口，偏偏你还没走出来，心中的情绪很复杂。惦记着过去的美好，明明知道再也回不去，明明知道已经变成陌生人连朋友都不是了，却还是有点不甘心，进而开始去思考"为什么已经离开我，却把想念留给我一个人？"甚至为对方始终没有为了在一起努力而伤心难过。

你讨厌那个还在乎对方的自己，可是又陷入一种疯狂的循环：总想着是不是自己哪里做得不够好，才让对方有离开的念头。

说穿了,"不爱了""没感觉了"以后,什么都可以成为借口,既然对方有新对象,现在你也只能检视这段关系到底哪里出了问题,但千万不要步入死胡同。

你不必反复思考到底做错了什么,哪里需要改进,如果当时怎样怎样,或许就不会分手……

停止吧!你完全没有做错什么,你也不必检讨,你需要做的是去思考自己为何不甘心。

不甘心到底有没有用?

我把不甘心分成两种不同的情况。

一种是面对事情,另一种是面对心情。

面对不甘心的事情,不甘心是有用的,那可以帮助我们找到出错的地方,避免下次再发生。

可是,化悲愤为力量,只适合运用在面对自我价值的实践中,并且帮助我们保持乐观的态度积极努力,直到有一天能够到达梦想的远方。

面对人际关系,不甘心的心情就失去了那份魔力。

毕竟决定权并不是在任何一个人身上,它需要两个人的沟通和选择,你再不甘心也没办法强迫对方喜欢你,他并不会因此改变心意。

这有点像花钱买了电影票,结束以后你不喜欢结局,人们都散场了,最后只剩下你一个人留在空荡荡的电影院生闷气,抱怨自己看了一部烂电影。

不甘心只能够帮助我们避免下一次看电影的时候"踩雷"，但无法改写电影的结局，也无法弥补失去的光阴。

失恋这东西，有时候就像看了一部烂电影，只能认赔出场，与其沉溺于抱怨中，还不如赶快去找一部好电影。

一直坐在电影院里生气发牢骚，浪费的也只是自己最宝贵的时间。

太过钻牛角尖，可能会看不清楚其他的选择。

当你已经明白不甘心没有用时，就更应该明白是否甘心也没有那么重要了。

坚持不懈的努力可以帮助每个人实现愿望，唯有感情没有办法勉强。我们无法强迫对方接受你的情绪，因此钻牛角尖、自怨自艾，都没有用，而且不要也不该把自己的心情、快乐与否寄托在对方身上，那样只会让自己更难过。

有些人来到我们的生命中，只是为了替我们上一课，有缘而无分，最重要的是你从中学到了什么。爱情从来都不是一味地委屈与牺牲自己，而是两人的互相吸引与付出。

牵不到的手、留不住的心不要也罢，我们本来也不是随便什么都接收的。

挽回不是不可能，但你要先反省让自己成为更好的人

我常在自己的 Instagram 分享一些对感情的想法和价值观。

曾有个读者杰妮在我的 Instagram 图文下留言。

"为什么好多描写爱情的话都是教我们放下？可是我就是放不下，我就是想挽回他！到底该怎么办？"

我明白她心中的苦。

杰妮以前喜欢分享她跟男友出游的甜蜜瞬间，朋友纷纷点赞祝福。但她最近和交往四五年的男友分手了，再看到手机里的那些照片，心里很不是滋味。

她想删光那些照片，却删除不掉心中的想念。

那次，她终于控制不住情绪，询问："爱到底可不可以重来？

又该怎么重来?"

谈到挽回,我们身边有太多的案例,但能够成功的寥寥无几!随便举几个我身旁的例子。

男生劈腿后下跪向女生道歉,可惜挽回失败。

分手后的情侣,男生站在女生宿舍外面淋着大雨求原谅,挽回失败。

离婚后的夫妻,女生后悔了想再续前缘,总是打电话用小孩生病想让对方回头。

这些挽回统统失败了,因为他们都没有搞清楚为什么会分手。

面对离别,有些祝福是不能强求的。

如果想要挽回一段感情,请先厘清分手的原因。

分手的理由千万种,但关键是看对方对你还有没有感觉。

即便感觉是恨,那也没有关系。有爱就有恨,有恨就代表还有感觉,如果有感觉就有机会挽回。那就多用点心,让对方感受到诚意。

偏偏很多时候对方已经没有感觉了,他认为你做了不可原谅的事,让他感觉遭到了背叛,或者已经遇到新的对象,对你失去了信赖和期待,挽回就会变得比较困难。

想提高挽回成功的概率，就需要给彼此一点冷静的时间思考未来该怎么走下去，不要把时间浪费在纠缠和懊悔上。

试想，你把一首喜欢的歌设成闹钟铃声，几天以后你可能就不喜欢了，甚至觉得很烦。其实，挽回一段感情更要认清这个道理，不然再多的嘘寒问暖只会让对方备感压力。淡定一点吧！成为他喜欢的歌，而不是讨厌的闹钟铃声。

至少给彼此一个月的时间，冲淡彼此那段剑拔弩张的关系。这一个月请做到下述三点。

1. 不看对方的脸书、Line、网络上的其他动态。

2. 不打听对方的近况。

3. 不理会对方现在在做的事情。

让彼此冷静，趁着这段时间去思考当初为何会在一起，跟现在的状况有什么不同，你该做些什么突显自己的成长和改变。

◆ 冷静期要多久？

要让对方再度爱上你，冷静期因人而异，可能是一个月、一年，甚至两三年，这取决于对方当时心灰意冷的程度。

而这段时间也是你沉淀自己的好机会，充实自己，改变自己，让自己变得更好，更值得依靠。就算未来没有机会在一起，你也成了一个更好的、更值得去爱的人，去面对接下来的所有感情。

冷静期过去后，可以通过共同的朋友关注对方的感情状态。

如果对方有了新的对象，而你就是这么死心眼地认为非他不可，那么在这个时候就必须给予祝福，默默等待机会，不要抱怨，也不要装可怜。

想要挽回一段感情，就不要轻易地向对方诉苦，而是倾听对方内心的苦，让他感受到你的好，而不是想起你的坏。

◆ 最没有效果的做法

结束一段感情以后，再折磨自己、委屈自己都没有意义了，别人不见得领情了。

我在《我不是中二我只是青春》一书中曾分享过北风和太阳的寓言故事。

走在路上的旅人面对北风的咆哮只会把衣服越穿越多，把大衣越拉越紧；只有温暖的太阳，才能让人心甘情愿地卸下心防。

学学太阳，让对方感受到你的温暖，在他需要的时候知道你还在，而不是在人家开心的时候，成为那个扫兴的人。

以前读书时，班上有对情侣，在一起的时间长达三四年，毕业以后男生在工作场合遇到新的对象劈腿了，两个人的分手闹得满城风雨，女生心灰意冷，再也不敢爱了。

过了半年，男生后悔了，想把对方追回来，但是来不及了，女生已经有了新的交往对象。

即便女方没有给男生任何承诺，但他仍然默默花了一年多的时间守候、等待，同时充实自己，证明自己已有所改变，成为一个更值得依靠的人。

又过了一两年，女生结束了一段感情，一直都在默默关心着她的男生，在这个时候把握机会，表现自己，证明自己，关心对方，现在他们结婚已经快十年了，有了两个可爱的小孩。

男生说，他为挽回这段感情只做了一件事——把自己变成一个更值得托付的人。

挽回不是不可能，能够回忆起过去的后悔、遗憾、错过、失去，说明你在成长。最重要的是，你在反省如何让自己成为更好的人。

努力以后能复合再好不过，但相爱是两个人的选择，而不是一个人的决定。因此，对方要是不愿意，也只能放下。

感情就是这样，勇敢去追求，勇敢去爱，勇敢去面对伤害；适合的就好好珍惜，不适合的就画上句号，结束一段不适合的感情才可以尽早重新开始。

该怎么忘记一个人？

失恋的人都会有这样的经验，身边每个人都告诉你放下，要你不要为了那种人哭泣，而你也知道对方的心已经不在，可是哭了好久就是放不下。

被放下很不好受，尤其已经习惯有一个人在身边，分开以后无法不介意，更让人难过的是，你总会想到他，一想到他，心里就阵阵难过。

每当夜深人静时，泪水总是止不住。走出悲伤似像遥遥无期。你对他还抱有期待，不论朋友怎么劝，眼泪还是止不住。你怪自己太没用，但想忘记却忘不掉。不知道该怎么办？

分手后难免会难过，但你说的爱，似乎是给那段美好的回忆，而不是现在的他。

有句话说得好:"对的时间碰到对的人,那是童话;错的时间碰到对的人,那才叫青春。"

你总是去想以前的美好,而眼泪就代表你发现了自己再也得不到原本预期的嘘寒问暖,还有再也无法拥有当时的模样了。

为什么会感到难过?一个人只看到自己失去的东西,当然会感到难过。

有时候放手,不是因为你不在乎,而是对方已经不在乎了。

那么,与其思考怎么样才能放下,不如多存一点钱。

有钱不代表快乐,有钱买不到爱情,但在同样失恋的情况下,**有钱一定比没钱更能够找到让自己快乐的办法。**

放不下的时候、难过的时候,就多存点钱,可以替自己找到更多放下的解决办法。

我也失恋过,我发现跟十来岁的自己相比,二十来岁时失恋比较好过。

原因不是我的心肠变硬了,而是因为经济独立了,存了点钱,让我有机会看看这个世界不同的模样。

十来岁的时候,失恋后只能坐在巷口,跟那个讨厌的对象身处同一个空间,连呼吸都觉得恶心。

二十来岁那次的失恋,我直接选择到日本旅行,看看京都的枫红。那是一场说走就走的旅行，并非是欣赏枫叶的最佳时期，那时枫叶早已散落一地，但现在回想起来仍是我看过的最美的枫红。

因为那次陪我旅行的朋友为了逗我开心舍命陪君子。

现在回想起来都不由得感慨，那次旅行让我发现了我拥有的美好。周遭朋友的关怀和满满的爱，都毫不吝啬地给了我。

恋人也许转身后就成了陌生人，但朋友的存在，足以慰藉你受伤的心。

失恋、分手就像一个破掉的玻璃杯，捡了只会伤到自己，走出失恋最好的办法，就是发现自己依然值得被爱。

可是即便愿意走出来，寻找遇见的机会也需要费用，吃饭、唱歌、联谊、旅行都需要钱。

存多一点钱，你可以一边哭一边做 SPA，你可以一边哭一边买名牌包宠爱自己。

你可以在巴黎铁塔上面被冷风吹，而不是一个人孤单单在街口被冷风吹。

同样都是被冷风吹，在巴黎铁塔被冷风吹，就是硬生生地比蹲坐在街头被冷风吹来得更有意境。

一次的感情失败，不代表你失败了，那只证明你拥有爱一个人的力量。你不必再为昔日的恋人浪费新的眼泪。

我们这一辈子会不断遇到新的人,也会不停地和一些人失去联络,从陌生到热络又从热络回到陌生。人生就是这样,流过一些泪、经历一些离别,才能跨过那些岁月,成为最好的自己。

逝去的爱情，没有想象的重要

15岁的你，遇到一个聊得来的男孩，一起上学放学、读书、吃饭、逛街、到处游玩。突然有一天，你发现自己喜欢上那个总在身边的男孩，却又感到害怕、不安。如果说出来了，落花有意流水无情，反而失去那个最好的伙伴。

16岁的你，向好友倾诉心声，她鼓励你勇敢爱。终于在一起以后开心的日子没多久，闺密觉得你变了，指责你有时间恋爱却没时间相伴，想解释的你委屈又无奈，友情似乎没想象的禁得起考验。

17岁的你，面对升学压力彷徨又无助，爱情也因未知的将来摇摇欲坠，你觉得他不够体贴，他认为你应该更善解人意。慢慢地，你不再相信他了，他也没那么爱你了。两个人都有些痛苦，可是又不想轻易放弃这段关系。

18岁的你，发现他跟别人越走越近，你却毫不知情，想挽回却换来伤心，原本要过一辈子的人跟你说"再见"，那阵子的所有事都那么刻骨铭心。直到有一天，你对老朋友大哭大笑大闹，终于明白，有种友情的存在，足以抚平爱情带来的伤痕。

20岁的你，终于又遇到心动的对象，不开心时，他会主动逗你开心；你需要时，他总是把你放在最优先的位置。这次你更成熟地处理感情，一边规划未来一边小心翼翼，你们总是黏在一起，承诺就这样一直走下去。

22岁的你，撑过一年的异地恋，经历了诸多考验，以为可以从此继续走下去，却因为身份和心态的改变被迫说"再见"。外面的世界太精彩，这次你不给自己太多时间伤心，通过工作麻痹自己，即使疲惫也不肯停下来倾听自己的声音。

25岁的你，忙于工作，爱情变得太过遥远，忘了怎么去爱，也忘了被爱的感觉，反正闲暇时间找个姐妹吃饭聊天、逛街旅行，工作稳定，日子过得还算开心。去了很多地方，遇到很多人，却始终错过那个对的人。

26岁的你，遇到一个愿意对你好的男人，可是这次你不开心时，他只会冷静处理，不会逗你开心。虽然你在他心上有个位置，却不是唯一。他有自己的日子、自己的工作，无法时时刻刻陪你。你有些不满足，却也觉得没有关系。

27岁的你，参加了高中同学聚会，当年让你刻骨铭心的人有了论及婚嫁的另一半。那个曾经放不下、忘不了的男孩胖了、黑了，还老说着你听不懂的话题，让你纳闷当年到底是喜欢他哪一点？最后才明白是自己傻兮兮的没有看清。

28岁的你，爸妈开始催促你结婚，商量过后，男人买了一只不大的钻石戒指。因为你们很清楚，就算结了婚，日子还是要继续过下去。

29岁的你哭了，爸妈也哭了，因为你出了家门，从此以后生活中多了另一些家人，开始了又一段新的旅程。

30岁的你，有了孩子，计划着将来要换大一点的房子，生活里爱情不再是唯一，更多的是柴米油盐酱醋茶，还有肚子里那个折磨人的小东西。

40岁的你，跟着那个不善言辞的男人过了十几年，换了大房子，日子稳定了，开始淡忘青春那些琐碎的问题，因为孩子皮得让你根本无法放心。

50岁的你，开始觉得力不从心，孩子大了听不进你的话，可是看着孩子为爱烦恼，仿佛看到当年那个年轻的自己。

60岁的你，男人退休了，儿子留学了，女儿嫁人了，他们需要你操的心少了，你开始想着是不是要搬到乡下和老伴牵着手过日子。

70岁的你，头发白了，脚步慢了，孩子有了各自的事业，逢年过节带着可爱的孙子来看你，而你和老伴两个人在乡下的院子里侍弄花草，日子过得好不惬意。

蓦然回首，你发现那些逝去的爱情，没有想象的重要。真正的陪伴远比所有的承诺更重要。过去的那些刻骨铭心已经不值一提，日子总要继续过下去，人生也难免有些遗憾，但最重要的是把握当下，好好生活，活着走下去，自会有自己专属的际遇。

明明已经分手了,前任还来找碴儿

吵架时会想要赢。所谓赢,就是成为那个最后放话的人,让对方哑口无言,这样就会觉得自己赢了。

可是,大多时候对方也不是不会回嘴,他会抓住你在意的地方狠狠挑衅,简单一点,会攻击你的外表、翻旧账。

更坏一点的是完全不讲道理,甚至耍手段欺骗你,你哪里痛,就往那里踩!然后,他心生不满,把你们吵架的事添油加醋地说给身边的好友,让其评断,说你不肯体谅,没有风度,试图让身边的人站在他那一边。

其实你们都很清楚两个人都有不对的地方,甚至可能他错得比较多,可是,会吵的孩子有糖吃,明明是他的错也还是认为自己受了委屈。

更气人的是，你沉不住气，导致自己的情绪受到影响。

这种时候该怎么办？

拿我认识的一对分手的情侣来说吧！男生被劈腿，女生装柔弱，明明是她做错了，也是她提出分手，却到处对彼此共同的朋友放话，说是男生对她不够好、不够体贴，她才会喜欢上另一个人。

周围不明就里的朋友纷纷对女方表达同情，顺着她的话把问题全推在男方身上，让她觉得被支持。

善恶到头终有报，这个女生后来的感情和工作都落空，她想起前男友的好，发信息过去想要求安慰。

但前男友已经展开新的生活，好不容易放下这段感情，不愿再回应女方，也不想蹚浑水了。

第二天，女方借其他朋友的手机，再度发信息给不愿回复的前男友。

一开始被蒙在鼓里的男生傻傻回应，等到对方表明身份，才发现自己再度被欺骗。

这时候，男生情绪失控了，气得回复信息骂道：

"你不觉得你用别人的手机发信息很不道德？！"

"你不回我信息才不道德！"

"你要这样玩是吗？那我就把你所有朋友都拉黑！"

"你为什么回他的信息，不愿意回我的信息？"

两人再度吵得不可开交，其实我们都知道要管理情绪，但到底该怎么做才能沉住气?

◆ 首先，记得绝对不要中计！

　　一个人试图挑衅，就是要让你说出不好听的话，让自己成为被同情的那一个，所以你的回应就是要好好跟他说道理。

◆ 陈述事实，避免使用情绪性的字眼。

　　将"你不觉得你用别人的手机发信息很不道德"改为"你用别人的手机发信息很不道德"。
　　"你要这样玩是吗？那我就把你所有朋友都拉黑！"
　　这是没必要说的情绪性语句。
　　当她说："你为什么回他的信息，不愿意回我的信息？"
　　"因为我跟你已经分手了，但我跟他还是朋友。"
　　用一句简单明了的句子表明立场。

◆ 有些人可能会问，对方根本不讲道理该怎么办？

　　会问这种问题的人，就像文章开头所说的还在想怎么吵赢，试图成为最后放话让对方哑口无言的人。

　　实际上，对方讲不讲道理不重要，重要的是你是否好好地表明了自己的立场。

两个人吵架，不是要讲到对方哑口无言，而是说完你想讲的，至于对方再怎么说全都不重要。

当一个人不讲道理时，就会替自己的作为找理由；当他找不到理由时，就会攻击你心中最脆弱的地方，试图伤害你让你心痛！

我也遇到过这种状况，而处理方式很简单。
我只会问自己两个问题：

1. 自己有没有对不起他的地方？
2. 他是我的家人、朋友，还是未来的陌生人？

厘清这两个问题以后，心中顿时就少了很多负累。
既然没有对不起他，那就不用去在意他有没有感受到我的好，人对得起自己就够了。
即使现在和失恋的对象有联系，但未来对方只是一个陌生人，那么又何必在意他的话？好鞋不踩臭狗屎，就这样吧！

我们的大脑很容易被情绪牵着走，但情绪不是你的敌人，而是要相处一辈子的朋友。我们可以生气，可以不开心，可以讨厌一个人，这不代表你是个坏人。

不要太骄傲，但也不要太卑微。 保持自己的步调，一步一步地向前进。我始终相信世上有太多说不清的事，自己问心无愧就够了。

沉淀自己，看清周遭的环境，就算误会让某些朋友选择离开或者置身事外，但没有关系，假的朋友相信谣言，真的朋友会相信你。

留下来的那些人，更值得你好好珍惜。

失恋后,该怎么做才能重拾人生的目标?

我们都不喜欢失恋,尤其是被抛弃以后没人疼爱,自己也会感觉不再有价值了。

可是,如果你不到 40 岁,生命才走了不到一半,在最美好的年纪,浪费太多时间用来缅怀和哀叹,未免也太奢侈了。

如果你超过 40 岁,还在为了失恋郁郁寡欢,那更浪费自己的人生。

怎么做才能重拾人生的目标?

曾有个失恋的年轻女孩向我哭诉,她跟前男友分手八个多月,在一起两年半,历经好多大事小事,以为这辈子一定会结婚，最后还是分手了。

对方很快有了崭新的生活，过得很好，可是她依然放不下。

尤其是想到以前谈恋爱时，两个人曾一起规划未来，现在一切转眼都成空，她该怎么做才能重拾人生的目标?

她说，最不堪的是，自己的人生目标似乎已经空虚到只剩下思考该怎么做对方才会回到她身边。

我没有分享太多大道理。

毕竟我失恋过，也曾经有好一阵子每天睡不好，心乱如麻，一次次反复翻阅对方的简讯，回忆她的好，想着为何她没有打电话来告诉我要回头，做错了，想我了。

只要一想到她就控制不住情绪，夜深人静时，那些情绪还会变成眼泪，拼命地从眼眶中跑出来。

有时候，我鼓足勇气，发誓自己要过得更好，让她明白错过我是她的损失。

有时我却又像个一戳就破的气球，看着通信录的昵称思考着要不要打个电话给她。

感情啊！剪不断理还乱。

那种感觉就好像你已经把自己武装好了，那些难以排解的情绪还是如洪水猛兽般把你吞噬。

而让我真正开始重新振作的契机如下：

- 拒绝提起她。

- 不再让朋友同情我。
- 删掉她的联系方式。
- 恢复规律的作息，把黑眼圈赶走。
- 回到原来没有她的生活。

我无法给出一个确切时间说明释怀的过程需要多久，毕竟曾经有过共同回忆的两个人，接下来有着各自的未来，我花了很久的时间才走出来，久到连自己都忘了有多久。

但我始终记得这句在心中默念过无数次的话。

"在没有人等你回头的时候，就不要念念不忘。"

这句话，最终让我明白，我浪费的只是自己的时间罢了。

失恋是个让自己转身的机会，寻找别的出路，给你重新思考定义自己未来的时间。

这时候你最需要的不是一段新的感情，也不是沉溺在如何让对方重投你的怀抱的念头中。

你应该去思考如何努力补偿自己那段时间的损失。

身边有太多的人，恋爱前对生活有着明确的目标与追求，言谈举止大方得体，能力好气质佳。恋爱以后却三句不离另一半，仿佛人生从此以后只能围着对方打转，失去本来的目标。

爱需要配合和理解，一旦失去就看不开，就不晓得如何是好。一开始你会想挽回或者让对方后悔，然后努力充实自己，重拾自己，用更好的姿态面对生活的挑战。

可是最终我也发现，当你真的过得很好时，"让对方后悔"就变得没有那么重要了。

失恋很难熬，但那也是我们学习跟自己相处，跟自己和解，做自己原本想做的事情的时候；那也是我们不再有顾忌，也不需要依附别人而活，明白自己是一个独立个体，有着思想和灵魂的时候。

记得，我们根本不需要急着开始用一段新恋情证明什么。

因为爱情就是这样，每次的念念不忘都是一次爱的代价。

沉淀以后，你会发现：恋爱时，他教会了你爱；分手后，你学会了独立。

就算人走了，这些东西留下来，那就够了。

当他告诉你，你配得上更好的人的时候……

很多人分手的时候会说："我……你配得上更好的人。"

可以将"……"代入各式各样的理由，但重点是后面的那句——你配得上更好的人。

这句话实在白痴，比任何理由都让人恼火。

简单一句"想分手""感情淡了""腻了""个性不合"。

上述的任何理由都比"你配得上更好的人"让人容易接受。

这句看似为人着想的"你配得上更好的人"，其实只是对方得了便宜还卖乖，想分手又要立牌坊。这种假装把错往自己身上揽的行为，真让人觉得恶心！

可是，偏偏这个世界就是有很多奇葩存在，如果有一天，你真的听到了恋人跟你说这句话,到底代表什么意思呢?

冷静一下,先厘清说出这句话的对象是谁。

是局外人,还是当事者?

如果是局外人,他没有身处你的感情旋涡,那么他只是好意。这句话是一种祝福,听到了就算心很痛,还是好好地向善良的他/她说声"谢谢"。

毕竟,即使他的话没办法缓解你内心的痛楚,但我们没有必要再去伤害一个想祝福你的人。

如果说话的人是当事者,无论是朋友还是恋人,在一段关系里都不会随便说出这句话。这句话通常具有两种含义:

- 求安慰,他只是想借机从你身上得到鼓励。
- 推托,他没有那么喜欢你。

先区分这两种不同的状态,再用不同的态度应对。

◆ 求安慰

面对求安慰的情况,那时候的你们或许还不够理解对方。

明明你觉得彼此身份、地位差不多,没有谁比谁好,都各有所长,对方突然来一句"你配得上更好的人",这代表着他在用迂回的方式向你求鼓励。

这时候真正的重点在前面的"我……"代表着他受到挫

折了,或许是考试失利、工作失利……理由很多。

总而言之,这代表他的生活出错了,就像小孩子闹脾气,长辈就要摸摸头,安抚情绪是一样的道理。

他喜欢你,但感觉自己不够好。那么,若你觉得他是一个重要的人,就好好安抚他吧!让他知道他的重要性。

人都有脆弱的时候,他正是把你当作朋友才向你宣泄。

而所谓真正的朋友,就是在你面前,他不用拼命装作很厉害的样子。

◆ 推托

两个人在一起久了,若没有相似的价值观,久而久之就会因为缺乏共识渐行渐远。

许多励志的心灵鸡汤文喜欢强调精神层面的契合。

这没有错,可是不要忽略了精神上的共鸣往往来自类似的价值观,而一个人价值观的培养,又来自从小到大的物质环境。

比如说,年龄差异、双方处理人际关系的差异,以及金钱观、价值观的差异……一旦缺乏沟通和协调,日积月累就会出现分歧。

更简单来说,其中一方若比另一方强势,工作能力强,事业心强,背景强,刚开始或许双方都能接受,但久了人会变,想要的东西也不一样了。

你们开始为这些鸡毛蒜皮的事情争吵,每次都没有结果,直到有一方表示:"你配得上更好的人。"就是一种推托,用另一种方式提分手,结束这段感情。

你们的爱很深,但如今早就被那些摩擦消耗殆尽了。

曾经看过几段感情,他们各自都有矛盾。有工作上女强男弱,有年龄差异非常大,也有男生很会赚钱,但总是搞不懂女生想要的是什么。

这几段感情各有各的矛盾,唯一的共同点是,每对恋人追求的目标不一样了,恋人最终都说了一句:"我觉得你配得上更好的人。"

唯有最真挚的情感,才能模糊掉彼此间的差异。可惜我的朋友们最终都是分手的结局。

分手的时候非常不好过,事过境迁后,他们才不约而同地感叹自己没有设定止损点。

其中有个朋友说得好:

谢谢他们的不珍惜,让我学会了爱自己。

如果你现在也深陷泥泞,和恋人争执不休,他用"你配得上更好的人"作为推托之词,那么请不要再在循环中打转了。

认清对方不再那么喜欢你的现实,替自己设下止损点。

也许这段感情无法天长地久,但至少让我们明白了真爱一个人,不只是接受他的优点,还要在看清了他的平凡普通后仍然决定去爱。

分手会让你看清一个人

有个姐姐跟我说过她的分手经验,他们交往一年半,一个月前谈分手。

分手是女方提的,她觉得彼此个性有太多不适合的地方,与其两个人纠缠不清,干脆放手让彼此自由。

这个姐姐家境不错,工作能力强,进入社会也有一段时间了。其男友因女方要分手而恼羞成怒,要求这个姐姐拿出10万元新台币作为"精神损失费"。

这个姐姐纳闷地问,这10万元新台币是怎么换算出来的?对方振振有词地说,从认识到现在,饭钱、买礼物的钱、出去玩时的油钱……

这个事情我早就知道了,因为对方之前就打过电话向我抱怨这个姐姐的不是。

不只是我,周围的几个朋友都接到过男方的电话。

我听完男方的抱怨,也知道那 10 万元新台币的精神损失费,好奇地问这个姐姐:"这笔钱到底给了没?"

她反问我一句:"该不该给?"

"当然不要给!"

"可是,我不给,他一直无理取闹怎么办?他不只打电话跟你们闹,还打给我的父母、工作的地方,我真的很抱歉,想说钱能解决就赶快用钱解决。"

"别傻了!就算给钱,他还是会继续无理取闹。难道你不怕今天给他钱,他明天又得寸进尺?除非你们走法律程序解决这件事,不然没有凭据,他只会继续想别的办法让你不好过。"

她想了想,感叹道:"没想到我看走眼了,在一起的时候,他明明是个好男人,没想到分手了却搞得那么难堪。"

她把一切的问题都归结在自己身上,怨叹自己识人不清,搞得周遭的亲朋好友都被干扰,甚至闹到了工作场所,自觉闹了笑话,在朋友、同事、家人的面前抬不起头来。

这可以分两个角度来讨论。

一个是把错都揽在自己身上的人。

另一个是不愿意让对方好过的恋人。

首先,把错都揽在自己身上的人,其实错不在你。

人本来就是多面的动物，你的对象在父母眼中可以是乖孩子，也可以在师长、同辈人口中备受肯定，但这些并不代表你的对象能够很好地、冷静地处理感情问题。

爱情是全世界最难以捉摸的情感，浓情蜜意时，恨不得把自己的心挖出来给对方；爱寡情淡时，却恨不得把对方的心挖出来泄愤。

人生最能暴露本性的只有两件事："得不到"和"已失去"。

一个人如何对待爱，如何对待不爱，只有跟他相处的人才最能感受个中辛酸。

有些人爱的时候是一个样子，不爱的时候会让人感到讶异，多可怕的恋人！

那些恶毒的言语、自私的模样，还有无情的举止，仿佛完完全全是两个人，是你以前从没见识过的模样。

不必觉得你看错人，因为错不在你，而是在对方没有办法好好地接受一段已经结束的感情，他需要新的寄托，才能好好继续生活。

若那段感情已经干扰到生活、朋友、工作，别担心，真正的朋友不会因为这样离开你。

至于生活和工作，就让自己先喘口气吧！缓和自己的情绪再出发。

世界那么大，不管是用旅行的方式让自己散散心，还是离开一个工作环境重新开始，都是选择。你做什么决定都好，但一定要记得你可以继续好好生活。

一段感情结束后，有些人想尽办法、用尽理由，就是不愿面对一段感情完结的事实。

如果你认为对方和你分手是一个错误的决定，那么就不要再用自己最宝贵的时间替对方的错误买单。

而且试图伤害一个曾经爱过你及你曾经爱过的人，只会把对方越推越远。

爱一个人，就像北风跟太阳。

北风呼呼地吹，旅人只会把大衣越拉越紧。

做人要像太阳，让对方感受到你的温暖。

这真的很难，但爱不在了变成恨，这样的结局，相信任何人都不好过。

试着跟自己和解，跟过去和解。

与其把人生都浪费在恨一个人身上，不如花点时间想想未来该怎么过，才能让自己遇见幸福，遇见快乐。

不要总认为得不到的才是最好的。

我们的一生会失去很多东西，青春、朋友、伴侣、至亲、工作、金钱，甚至自己的生命。

每一次的失去都是一种学习，学习接受、学习清醒、学习珍惜、学习勇敢。

后来，这个姐姐的前男友又打电话来抱怨说，失去这段感情让他很痛苦。

我知道，这男的本性不坏，说要钱也只是找了一个最笨的理由不让对方走。

趁着这次机会，我请他做了一些工作上的资料整理和搜集。

这需要花些时间和精力去看别人的故事，甚至回应其他人的生活难题。

他看了好几个月，那些故事里有人失恋，有人考试失利，有人工作不顺，但每个人都在试着找出口。

他虽然心痛，但并不孤单，这让他有了新的走出负面情绪的途径。后来，终于有一天，他在脸书上写下一段话：

"人生是场旅行，擦肩而过的人何其多；有些事情不要太执着，有些幸福就该好好把握；曾经以为不会放下的事情，最终还是放下了，放下以后才开始享受一种爱自己的滋味。"

他改变了自己的心态，最终找到了出口。

至于那10万元新台币，不过是打打嘴仗罢了。

即使很多人认同那句老话："分手是见证一个人本质的时候。"但我认为人有时候需要时间沉淀才能成长。

分手会让你看清楚一个人，但不必用一个人刚分手的样子决定他一辈子的本质。

为什么你总是被类似的人伤害？

我有个女神朋友小黛，今年 35 岁。按年纪来说也算老大不小了，还在频频换男友。

虽然每次分手的理由不尽相同，但"没办法稳定下来"的事实，让她不得不在自己身上找答案。

有次聊天，我请她去想，是不是每次跟男友分手都有同一种情绪出现？

女神小黛深思熟虑后说，每次交往到最后，都会觉得对方达不到她的要求。

"我们之间看不到未来。"

她发现每次分手的理由虽不尽相同，但最终都会产生这样的感觉。

我们对"看不到未来"这种感觉去深度了解，结果激发出她内心最深处的感触，那就是她每次寻找的对象都是比她弱势的人。

学生时代，她喜欢学弟对她崇拜的目光。

二十来岁，开始工作一阵子后，她的对象总是社会新鲜人。

年过三十后，她约会的对象不见得年轻，但要么是刚离婚的男子，要么是有小孩的男人。

即便有些她不愿意承认，但当了那么多年的朋友，我很清楚地知道这些人有着令人惊讶的相似之处。

有时候，讲道理于事无补，甚至可能因为太讲道理，会把愿意敞开心扉的人越推越远。于是，**身为朋友势必要学着先倾听再表达。**

我听着女神小黛慢慢地诉说。

她说，她喜欢那些人看她的眼神，让她觉得被需要、被仰慕。

她说，她渴望爱、渴望被接纳，却又不希望被束缚。

她说，想找到一个相爱的人真的好难……

她说，都是付出所有，却总是被伤害。

原来，小黛无意识地在感情关系中期待着这种被需要的渴望。

从以前到现在她都渴望得到关注，这使得她得到优越感和满足感。但这样的关系注定不会长久，因为没有人可以达到这个标准。

小黛知道自己渴望被崇拜，被需要。她愿意提供一切的呵护，只需要对方能够把她放在最重要的位置。

以前谈恋爱时，她的学弟恋人上课不必抄笔记，因为她会帮他弄得好好的。

二十来岁时，她的男友不必工作，只需要在家苦读考研究所，她愿意提供经济上的支持。

年过三十，她向约会过的离婚男子提供感情的寄托，甚至连那个有过一次婚姻、带着一个孩子的前男友，她都愿意无条件地洗衣、煮饭，照顾对方的孩子，只因为自己被需要。

但是，这对她的恋人们并不公平，甚至影响到他们的人生。

毕竟，每个人都有自己的人生角色和步调，我们谁也不能为了得到自我的满足，剥夺他人成长的权利。

小黛想要的，就是被崇拜到对方愿意为她放弃一切，她被永远摆在第一位。

当失去掌控后，她便会再去寻找新的猎物，反复地去感受那种被崇拜、被彻底景仰的感觉。

对她好，不够；给她爱，不够；就算够，她也只能短暂地得到满足。

因为她的恋人也会成长，变得更成熟，会有自己的想法和目标，不会永远顺着另一个人的意愿前进。

长久下来，她无法忍受对方不再需要她，进而形成一种恶性循环，感情也总是不顺利。

她认为自己是好心，有心想为对方付出，但却总是做错事。到底是哪里出了问题？

其实，我们常常忘记爱不是单方面的事情，问题的症结点不在于你是否好心，而在于对方是否领情。不领情的话，是也变成不是，好心也变成坏心了。

她突然明白多年以来感情无法修成正果的原因，霎时放下对过去恋人的不谅解。

回顾过去，那些恋人也不见得有多坏，只是当时的自己并不愿去看，也看不清。

还不晓得自己想要什么的时候，感情受挫很容易造成打击，甚至由于过度依赖，致使在感情结束后，会经历一段不相信任何人、不相信世界美好的困难期。

小黛明白了这一点，觉得过去的自己真好笑，同时心里也放下了一个重担，她终于找到出口。

有句话说得直白，在一样的地方跌倒，第一次是傻，第二次是笨，第三次是活该。但人在一样的地方跌倒，有时候真的不容易找到原因。

毕竟所有的问题都有太多需要考虑的因素。

我们的人生很可能总在类似的错误中打转而不自知。跌倒不要紧，要紧的是你必须发现重复错误的症结点，打破恶性循环。

若你也想要走出恶性循环，不妨试着用一句话说说这些年的不开心，但别再花时间质疑自己做错的决定，你只需要非常诚实地倾听内心就够了。

或许你会听到类似的声音。

"我好孤独，我总是一个人！"
"世界很不公平！"
"我从来没遇到过好的对象！"
"为什么从来没有人真心地喜欢我?!"

当你愿意诚实地面对自己内心的负面情绪时，当你试图总结它为何存在时，一切才是改变的开始。因为只有受够了那些伤痛和压力，受够了那种无可奈何，你才会认识到，时间到了，该准备好迎接下一个阶段更勇敢的自己了。

第四章
遇见的可能

你是不是只记得
想念的痛,忘记了
再给自己一次爱的
机会?

该怎么思考，才能继续相信爱情？

失恋以后，我们会有一阵子不敢再爱了。

理由很简单，就是被伤得太深，导致不再相信爱情的存在。

有个怕寂寞的朋友，常常陷入那种想爱却不敢爱的纠结。

她说，以前的交往对象让她受过伤，在面对新的感情对象时，只要有一点点小问题，就不由得回想起以前交往的两个恋人的不良记录，生怕自己又看错人。

她会把昔日恋人的言谈举止套用在新恋人的身上，给新的恋情预设立场，生怕彼此不适合，又被伤害一次。

其实，你不能把之前的恋人的过错让新的恋人来背负。

这对彼此都不公平，不只让对方错过表现的机会，更让你失去再爱的可能！

每个人都是独立个体，不要把自己的想象加诸在别人的身上。那种不知道自己会不会有幸福的感觉实在太难熬，你的心难免不知所措。

人生无法回头的事情太多，分手后的经历势必更多，就是这些失败的过去，让你学会用更成熟的态度，去面对未来所有的挑战。

那个两次都遇到烂人的朋友不敢再爱了，决定寄情于工作，把心封闭。

可是，缘分来了挡不住。

有一天，她在上班的公交车上遇见一个男生，就像传说中的一见钟情，她抑制不住那颗欢悦的心，整个人患得患失，脑海中又浮现好多新的问题。

如果以后没看到他该怎么办？

该怎么开口，才不会显得自己很花痴？

怎么样才能自然地搭上线？

周末聚餐时，她把故事告诉我们几个朋友，大家纷纷帮她出主意。

有人说，找个机会跟他聊聊天气，以后再看到他就可以打招呼，然后顺理成章就可以成为熟人。

有人说，聊天气太老套，不如故意撞他一下再跟他说一声"对不起"，可以借机考查人品。

还有朋友说，跟他借手机。一般情况下，女孩子向男孩子借手机都会成功，再互留号码，如果他也有感觉就搭上线了。

我们贡献的办法五花八门，实际的、老套的、浪漫的、直接的、疯狂的……

不管哪一种，我们都希望她能跨出爱的第一步。

几个朋友强烈要求她更新后续发展，她也终于鼓起勇气和心仪的对象说上话了。

那天突然下起大雨，我的朋友在车上想了半天，决定主动开口替他撑伞，陪着心仪的人走到公司的大楼。

她分享这个消息时容光焕发的模样，真的好美。

最终他们恋爱了，但几年过去这段恋情没有开花结果。

我问朋友后不后悔开始这段恋情。

一点也不！

她的回答出乎我的意料。

原本我以为她会觉得一切还是浪费时间，没想到，她在第三段恋情结束后，终于明白一个简单却需要时间才能想通的道理：

爱情很美好，但比爱情更美好的，是那颗向往爱情的心。

人难免在人生的某个阶段担心未来，你是不是也曾经想过下列问题？

- 以后会不会有人陪？
- 这个人到底对还是不对？
- 自己的付出到底值不值得？

这些问题都没有标准答案，唯有现在愿意体验，未来才能给你答案。

一辈子太短，不要浪费太多时间质疑自己的选择。
就是要哭过、笑过，才有机会懂得人生百态。
有时候，我们必须通过付出才能证明自己爱的能力。
无论付出后是得到还是失去都没关系，得到的喜怒哀乐都是你的，都需要真心真意经历后才能沉淀累积。
说不定你刚刚才知道想要的是什么。
说不定你只是害怕自己想象出来的恐惧。
说不定你心中也想要再给自己一次机会。
那么，记得对自己和对方温柔一点，再给自己一次机会也不错。

你仍在寻觅一个爱你的人？也许你忘记了有些东西不是爱

对于生命的另一半，有些人仍然在寻寻觅觅。

可是，随着物质生活、精神生活变得丰富多彩，越来越多的人面临的状况不是找不到，而是不晓得该怎么选择。

选择是困难的，奶茶要选哪种，网拍要选哪件衣服，许多人对这些物质上的选择都能纠结半天，更何况是选择终身伴侣，没有选择障碍才怪。

归根结底，这一切只是因为害怕投入到一段错误的感情里。

人总想选择对自己好的另一半，却很少能搞清楚"好"的定义到底是什么。

爱情也是如此，到底什么是"好"，每个人在意的点不一样，外形、浪漫、金钱、安全感、身体契合度，出发点和价值观不同，定义也就有所不同。

然而，我们在爱情的国度里，常常把某些东西错认为爱，它们分别是：

1. 性

2. 金钱的满足

3. 寂寞

4. 同情和依赖

◆ 性

人是感官动物，只是每个人被诱惑和被刺激后的反应不同，这些状况不全然是我们所需要的，更多时候只是想要满足自己的欲望。

比如说，有的人看到自己喜欢的鞋子一定要买回家，有的人每天早上一定要喝一杯咖啡才清醒，还有的人到了晚上一定要吃夜宵才感到满意。

性也是一种感官的满足，只不过它发生在特殊的情境，因此，很容易被错认为爱。

一般来说，你想要的和得到的没有太多的落差，足以维持现代男女简单、短暂的满足感。可是，问题就在于我们对性关系的解读往往有着巨大的落差。

做爱不等于相爱。有些人通过性爱的亲密肢体接触，弥补从小缺乏的安全感；但对有些人来说，性只是一种对身体需求的满足。

与众不同的亲密感，会让其中一方错认为被爱着。
于是，我们常常见到一个男人跟许多女人维持着某种程度性伴侣的关系，但由于一开始没有向其他的女性开诚布公，导致当身体的需求消失以后，他去对另一个女人好的时候，女方就会感觉被背叛。

身处感情的旋涡时，没有人会知道自己正把某些情愫错认为是"爱"。
可是，就像身体状况一样，过了一些时日就会发现。
尤其当换了一个环境，没了原本产生情愫的条件，生活被误会和争执取代，那时人就不得不认清现实。

◆ 金钱的满足

有部电影叫《遇见你之前》，曾让我身边的女性朋友都赞不绝口。

有人掏钱多次进入电影院，就为了重温剧情；也有人买了票进入电影院，却在中途夺门而出，就怕自己情绪失控，无法接受结局。

简而言之，电影剧情可以用一句话来概括：霸道总裁爱上我，只不过那位总裁半身不遂而已。

对男主角来说，以前是天之骄子的他是典型的高富帅，有着令人称羡的事业、美丽的女友和俊朗的外表，经济宽裕，又是个会陪父母出游的孝顺的好儿子，但由于一起车祸，他努力两年之久仍然半身不遂。

电影里男女主角感情升温的关键，绝大多数是架构在金钱之上的。

男主角不缺钱，甚至有很多的钱。他住在被改建的古堡里，里头拥有一切现代化的设备，父母可以聘请私人看护（女主角）逗儿子开心，另外还有用人及专业的医疗看护。

他和女主角可以穿着高级定制服参加音乐会，坐私人飞机出国旅行。这些都是家里经济条件不好的女主角从来没有体验过的。

女主角不需要考虑柴米油盐的繁杂生活，唯一需要做的就是逗男主角开心，让他重拾对生命的热情。

电影中有一幕是在女主角的生日派对上，男主角山姆准备了一双大黄蜂条纹的裤袜，那是女主角小时候最爱的东西。

相较于女主角的正牌男友不只是生日派对迟到，送了相对来说较为贵重却刻着男友名字的项链，大黄蜂裤袜瞬间就俘获了女主角的芳心。

身旁的女性对这一桥段赞不绝口说："一个男人再有钱，也必须细心，礼物不在于多贵重，有心就好。"

我倒觉得，很多东西不能只看表面的价值，看似不起眼的大黄蜂裤袜，实则早已绝版和停产多年，男主角为了得到这份礼物，想必也是花了一番重金，只为博得美人一笑吧！

电影里女主角能走能动，性格活泼开朗，总把别人的心情放在自己的利益之前。

她在物质生活中属于"得到"的一方，在情感生活中属于"给予"的一方，因此在双重矛盾的情况下，她的情感得以被需要，物质又能被满足，很容易将这样的感情混淆为爱情。

他们之间真的有爱吗？拿掉物质的满足再加上时间的流逝，会不会像后来她处理前男友的感情一样，七年不敌五个月？

这个问题电影没有多着墨，观众也无法知道，但见过大风大浪的男主角并没有被女人当下的柔情蜜意冲昏头脑。

他离开人世前，特地准备了一笔让女主角得以追梦的资金，离开小镇朝着儿时梦想前进。

男人尽到了自己最后的责任，一个男人做到这个份儿上，足以气死周遭的所有男人，两人的感情是不是爱情也已经不重要了。

长大以后，会发现有一种感情，不求一辈子都会在一起，但求他的心中始终有你。

总而言之，大概正是因为现实生活中不可能发生，才值得城市里的痴男怨女们躲在电影院里将近两个小时，细细品尝那份现实生活中遥不可及的东西吧！

◆ 寂寞

几年前有个女性读者很喜欢看我的文章，她总觉得我的文字能够让她感到温暖。因此，她写了很多信给我，认为我很懂她。

字里行间，她屡屡提到自己很寂寞。

第一封信，她写了她很喜欢我，身边的人也觉得我们应该在一起。

第二封信，她说我们已经在一起了，身边的人都在祝福她过得幸福。

第三封信，她问我为什么都不回复，这让她很伤心。

可是，实际上我们根本连见都没见过，我也从来没有回过她的信。后来她还是继续写信给我，一连写了好多封，但我还是都没有回复。

久而久之她就不再来信了。

我不回复是因为不晓得她的精神状况是不是稳定,怕太过温柔会让她误会彼此的关系,措辞太激烈又怕她伤害自己。

寂寞时,人很容易把他人的关心认为是爱,但爱不是一厢情愿。

如同宫崎骏的经典作品《千与千寻》里的无脸男,他对千寻投射的情感就反映了现代人的寂寞。

无脸男象征着人们内心的孤独和迷失,他没有朋友和亲人,只能漫无目地游荡。所以当千寻愿意替他打开门,他因为感受到温暖,对千寻加倍珍惜。

可是,寂寞不是爱的理由,爱也不是付出所有就一定能得到。

无脸男为爱付出很多,却没有得到回应。世间有很多人愿意为自己喜欢的人奉献全部,但却仍然不能被所喜欢的人青睐,或许就是这个道理。

宫崎骏最终给了无脸男一个完美的结局——他在钱婆婆那个温馨的小草屋里,找到了所追求的温暖和宁静。

最后与千寻道别时,他从畏惧寂寞、渴望温暖,到默默挥手,带着几分柔情和祝福,却没有依依不舍。

因为,当你找到自我所追寻的、感受到被需要的价值时,就会明白寂寞并不是爱。

◆ 同情和依赖

好莱坞的电影里，经常出现类似的情节，医生或护士与病人相恋。很多时候，强者常会对弱者产生同情，弱者也常错以为是爱情。

电影《危险方法》就曾经对这样的关系剖析得十分透彻。

凯拉·奈特莉饰演的是患有歇斯底里症的女主角，她和年轻英俊的已婚心理分析师荣格发生了关系，这段关系在治疗结束后仍然维持。

直到被发现后，已婚的荣格为了维护事业，选择结束这段感情。

这让女主角崩溃了，转而向荣格的师父——弗洛伊德寻求心理帮助。

弗洛伊德也因此在1915年发表过一篇经典论文《移情——爱的观察》。

他提到病人过去与重要他人（如父母）的关系，在治疗的期间再次活化，很容易转移到另一个人身上，通常这个人是病人的心理分析师。

弗洛伊德认为，若治疗师没有拿捏好这段关系，对自己的魅力志得意满，与病患产生地下情或结婚都是不道德的。

可是，若中断治疗，也没有解决问题，病人只会继续对下一个治疗师产生感情寄托，形成恶性循环。

人会有同情心，也会有依赖感，但若没有经过时间和现实环境的考验，这样的感情基础很薄弱，也不是爱。

到底什么是爱呢？

在西方电影里，男女主角历经千辛万苦，最终相守相依结婚时，常出现一段经典语录，阐述了人类对婚姻的一种至高无上的看法，它是这么说的：

"无论是顺境或是逆境、富裕或贫穷、健康或疾病、快乐或忧愁，我将永远爱着您、珍惜您，对您忠实，直到永永远远。"

这句平实却浪漫的话语历久不衰，对许多人来说蕴含着爱的真谛。

可是对我来说，爱和幸福都没有正确的答案，生活亦然。

每个人都在摸着石头过河，在爱中跌跌撞撞，寻寻觅觅，历经生活的反思、懊悔，渴望从头来过。可是，花开花谢，时间无法重来，缘分也没有再一次的遇见。

爱从不完美，必有遗憾，而有遗憾才有执念，有执念才终将明白，至今所发生的每件事，都是我们为了重新认识这个道理而绕的远路。

最好的爱，是让彼此成为更好的人。

两个人学着爱惜对方，一个人懂得珍爱自己。

尤其是当你一个人时，更应该记得自己绝对值得好好被善待。

人生不是一场考试，幸福不必被打分数；只要聆听自己内心的声音，做出选择，忠于自己的决定，**爱会因为懂得珍惜而美好。**

遇到想要重修旧好的昔日恋人时该如何思考?

要让一段关系变得更好,需要运气和机会,或者必须替自己创造一个。

所以,当曾经伤害过你的恋人又想重修旧好时该怎么办?

人必须经历相当的痛楚和磨难,才有机会大彻大悟。

你必须冷静下来跟自己的内心谈一谈,然后,设定一个标准,把人分成"OK"和"不OK"两种类型。

- "OK",代表你愿意再次信赖。

- "不OK",就请不要再浪费时间,不必再联络了。

通常,你会想问两个问题,分别是:

决定"OK"和"不OK"的标准是什么？犹豫不决的时候怎么办？

◆ 标准是什么？

决定"OK"和"不OK"的标准，只有你才能拿捏。

因为一段关系只有相处过的两个人最清楚个中点滴。

在历经苦涩、破灭、阴魂不散的关系中，你们的契合究竟有什么含义？

不必去在意世俗的眼光，不必去理会别人怎么想。

有太多的感情，就是终结在他人的嘴巴里。

重要的是，你是否跟自己好好沟通过？你是否也跟昔日的恋人好好沟通过？

重要的是，对彼此的感觉和信任，是否足以让这段感情继续下去？

伤害已经过去了，这次你必须了解并且面对自己的情感，也要认清就算愿意再次接受他的情感，依然有受到伤害的可能。

如果他愿意为你改变，继续经营这段感情，那么，这次的开始就是一个新的起点。

如果他无意做出改变，那么你们的感情早已走到尽头。即使彼此都愿意再假装一段时间，关系也不会走得长久。

感情就是愉悦、混乱、快乐、矛盾、剪不断理还乱的。

没有人能告诉你，选择原谅后是不是会再度受到伤害，只有你们两个人做出决定后才有机会一起去找出答案。

◆ 犹豫不决怎么办？

有时候，你跟伤害过你的恋人重修旧好，是要背负很大压力的。

这包含了身边朋友的舆论压力，还有你也怕自己再度受到伤害的压力。

每个人都会犹豫不决，但也应该被归类在"OK"里面。

毕竟，若彻底死心，你早对他避而远之了，根本不会思考复合的可能。

曾有句话说："信任就像一张纸，皱了，就算抚平，还是皱的！"没错，破镜重圆，总有裂痕，而你要思考是否接受这些裂痕。

你会害怕自己是不是太过懦弱，你会担心是不是只是短暂的激情。

但解脱不见得是离开，有时也代表一种接受。

由于你曾经被伤害过，缺乏对他的信任，因此不想再次被伤害很正常，但这种事情没有绝对的是非对错。

回头不代表做错了，拒绝也不代表一定是对的。放过自己吧！不必再扭捏作态了。

一段你想要走得长远的感情，常常必须从一种让自己伤痕累累的角度，去包容那些你最深爱的、曾经伤害过你的人。

真正成熟的态度，是静下心来，不管外界风雨如何，做出最适合自己的决定，然后承受随之发生的可能。这个决定或许不被他人看好，但至少你勇敢地、诚实地面对自己的情绪。

去练习爱你自己之前，必须先接受你所爱的人并不完美这个事实。

去探索、去触摸、去感受，认清后才能有机会找到属于自己的人生。

如果你真的选择原谅，那么绝对要记得，真正能维持一段长远关系的关键就是信任。

信任不是来自他怎么说，而是要看他怎么做。

实际行动永远比空讲、空想来得重要。这一次，无论对方用嘴巴怎么保证，你还是要观察他的行为，不要太过肆意挥霍感性。毕竟，再怎么爱一个人，我们都应该持三分理性、七分感性。未来若还是错了，至少，你已经替自己的心留了一点空间。

失恋后去旅行为何没有用?或许是因为你忘记了……

"失恋了,来一趟说走就走的旅行吧!旅行会让你忘记那些不愉快,找到一个新的自己。"

我相信失恋的人对这句话并不陌生吧!

前阵子有个女性朋友经常在脸书上晒照片,美食、美景,这些充满异国风情的照片,让身边那些苦哈哈的上班族朋友羡慕不已。

不知情的朋友羡慕她经常旅行,但了解她的人知道,她并不快乐。因为她之所以旅行,是为了抛开一段曾经论及婚嫁却遭劈腿的爱情。

那次失恋让她决定把这几年存的钱全花在旅行上。

她一连旅行两年，花了大概 70 万新台币，几乎花光她步入社会至今的所有存款。

　　本以为看看不同的风景可以帮自己疗伤，可是，走过了山山水水，还是走不出失恋的情绪。

　　走不出失恋的情绪会发生什么事情？

　　以我的朋友为例，她在旅行时看什么都不顺眼，吃不好，睡不安稳，尤其夜深人静时，总是默默流泪。

　　前阵子，我们几个朋友终于见面了。本以为她会分享旅行中的点点滴滴，但她却郁郁寡欢。

　　有些朋友不解地问道，为何不开心？

　　她说，原本两个人的爱之旅，现在却是一个人走，这两年荷包空了，心情又没有好转，到底应该怎么办？

　　还有人问，走了那么多地方，看了许多美景，日子过得那么滋润，难道没有遇见心仪的人吗？

　　其实看着她眉头深锁、郁郁寡欢的模样，我就猜到答案大概是否定的，也突然懂了为何这两年的旅行中她没有遇见心仪的人了。

　　因为她的人虽然在旅行，但心已经完全封闭了。这两年就算照片里的她看起来很开心，可是，实际上她根本不让任何人进入她的心。

　　她忘记了自己依然值得被爱。

当一个人忘了怎么爱自己的时候，得到再多人的关爱，心也是空的。

我们之间共同的朋友出主意说，那代表还没玩够，再去玩一趟吧！

我一听脸都绿了，这两年的旅行已经花光失恋女孩的老本了，还旅行，真的有必要把自己搞得负债累累吗？

失恋后，若想要再遇见一段新的恋情，你需要的不是旅行，而是回归有规律的生活。

爱情有时候会让我们变得盲目，忘记冷静思考。若你失恋后忘记调整自己的心态，旅行只会变成一种惩罚，当然无法遇见快乐。

失去一段感情，人已经不属于你了，再追也是一个无解的习题。旅行或许能够暂时帮助一个人短暂地忘记不愉快的事情，但你必须让自己释怀，才能傲然向未来走去。

想要摆脱失恋的苦楚有很多种办法，试过一种以后发现没有效果，就要有改变的魄力！

释怀需要一点时间，不可能一蹴而就。

尝试过旅行后，接下来是要回归正常、有规律的生活。

面对现实很困难，但这样才能帮助你对新的人与新的关系有更客观、更精准和更全面的认知，感情生活也更容易幸福。

请你务必记得，人生那些失去的或即将失去的，并不代表最好的，最好的是正在身边陪伴你的。

那些没有陪你走到最后的人，往往会在不同阶段让你学习成长。爱的时候，你会感受到温暖和包容；爱过以后，你终究会学会理解和放手。

有个网友曾和我分享他面对失恋的做法。

他说，分手以后想要忘记还是忘不掉，便决定选择用"存钱"的方式告诉自己不要再想念。

于是，他买了一个小猪储蓄罐，想念前任的时候就放进一个硬币，并期许自己可以存99个储蓄罐，也许存满以后就不会再想念了。

我们谁也不能保证是不是真的存满99个储蓄罐就可以不再想念了。

但我喜欢这个做法，存钱累积财富犒赏自己，创造新的美好回忆，也是一个释怀的过程。

生活的智慧就是这样来的，学会筛选，学会安排，也学会累积，学会让自己放下。

失恋，我们会痛，但不是让我们封闭自己的理由。

痛的存在是让我们睁开眼，看清那个伤害我们的人！

人生最重要的不是选择跟谁在一起，而是我们是不是开始爱自己。爱自己代表着知道自己要什么、适合什么，相信自己值得被爱。

所有爱的发生，都是建立在你相信自己值得被爱的基础上的，才能把失去活成另一种获得。

办公室恋情，可能修成正果吗？

前阵子有个女性朋友换了一份新工作，每天要在办公室待上八小时，忙一点可能还会加班到十个小时。她抱怨工作后生活圈变小，待在办公室的时间比待在家里的时间还长，时间不知不觉被蹉跎，似乎很难认识新的人，发展新的关系。

有一次，她和办公室里的一位男同事不约而同都穿格子衬衫，被其他同事调侃穿情侣装，似乎有秘密的办公室恋情正在萌芽。

女孩子脸皮薄不太喜欢这种玩笑。可是，跟同事朝夕相处久了，还真的发展出一段办公室恋情。

她以前常说不喜欢办公室恋情，避免麻烦、纠缠不清，但缘分到了就是到了，其他一切变得没有那么重要，最近好不容易开花结果步入礼堂，身边的同事们都惊呆了。

这到底是怎么做到的？

她以一个过来人身份，分享发展办公室恋情需要注意的三件事。

◆ 首先，两人最好不要在同一个部门

我的女性朋友是公司业务部门的助理，男生是工程师，平常没有交集。有一次她的计算机坏了，工程师被指派来替她修计算机，结果慢慢熟悉起来，从而步入了结婚礼堂。

她认为这段感情能够走下去，是因为彼此在不同的部门，工作交集不大，如果恋情发生在同一个项目小组或部门，不见得能走下去。

毕竟，两个人若是前天为了感情的事情吵架，第二天为了客户提案又必须有密切接触，光是调适自己的心情、抛开私人情绪为同一个目标合作，就非常考验彼此的智慧。

◆ 其次，一定要公私分明

就算发展出办公室恋情了，彼此互动还是需要保持一定距离，公司同事相处还是要用专业的角度来解决工作上遇到的问题。

我也看过别的办公室恋情案例，男生是电视制作人，女生是新人。

男生工作能力很强，生活中也很强势，爱得死去活来时，女生也很喜欢可以依靠的感觉。

后来女生逐渐在工作和生活中都习惯了男生的强势，分手后才发现因为太爱一个人失去了自我。

原来的老朋友疏于联络，新朋友都跟前男友的生活圈搅和在一起，她找不到人倾诉，最后只好离开公司，离开原来的生活圈，以个人和职业的悲剧结束这场恋情。

◆ 最后，低调才是王道

有句话说："世界上只有两样东西藏不住，打喷嚏和爱。"

真的爱一个人，或者要维系一段感情，不见得是疯狂放闪，恋情刚萌芽时最是脆弱，与其让它见光死，不如等发展成熟再对外公开。

保密的好处在于当工作发生利益冲突时不容易被当箭靶，若不小心曝光，就势必会有同事们在背后谈论、评价与八卦，甚至被认为发展恋情别有用心。

有时候，谈恋爱就是不想交代太多，也不想别人问那么多。

至于该如何做到保密，请先注意最引人注目的上下班时间,最好一前一后进公司,也不要同时离开,并且避免在公司有亲密互动。

办公室恋人的心态必须有所调整,过来人的经验提醒我们,那些偶像剧当中的美好情节,不等于实际办公室恋情发生的状况;任何一种爱情都需要在呵护中萌芽,才有可能茁壮成长。

谈恋爱是希望让自己开心,千万不要把情绪带到办公室恋情中,保持工作专业度,做最坏的打算,拿得起放得下,避免死去活来造成双方压力,让自己的心更累。

有人喜欢你，你却还单身？或许是因为你忘记了……

朋友小彤今年三十来岁，从南部到台北来工作也好多年了。

刚认识她时，她二十来岁，谈过五次恋爱，那些感情的长度，长则数年，短则几个月。

她一直想在台北扎根，寻找心中那个对的人。

由于喜欢都市生活，所以自从开始工作，她就背井离乡在台北生活。

有次见面，她刚刚恢复单身。她说，心被伤透了，即便现在有人喜欢她也不要再爱了，以后要找到彼此互相喜欢的，一个愿意珍惜她的人。

我问，这个人要有什么条件？

"不需要什么条件,只需要他喜欢我就好。"

"我记得你之前说过,你家乡有个男的,好像叫阿明,他不是喜欢你好多年了吗?这次你终于决定跟他在一起啦?"

"没有,我不会跟阿明在一起!"

"为什么?他符合你的条件啊!"

"因为我不喜欢他啊!我们之间就是没感觉。"

"没感觉",我每次听到类似的回答都会很感慨,这种情绪很难解释,哀伤、惆怅、无奈,这三个形容词大概能总结这份感慨。

很多时候,我们明明渴望爱情,但寻寻觅觅多年以后还是一个人。

有些人是因为不愿意将就,必须等到最好的那个人才愿意开始,可是,偏偏忘了一个最简单的道理:

在这世上没有一个完全适合你的人,只有愿意互相磨合的两个人。

很多人就像小彤那样,嘴巴上说没条件,实际上心里面东挑西选,只想要选一个符合自己心意的。

她不是心痛了,不敢再爱了;她只是心烦了,不愿意去和一个有可能合适的人磨合,只好就这样耗着,等待那个眼中的"对的人"。

又过了三四年,一转眼小彤快三十岁了,她有点着急,频频参加相亲。

一番筛选后,小彤遇见年纪大她六岁、离过婚的阿齐,他在外资银行上班,有房有车,是她心中完美的理想对象。

阿齐直截了当地说,是以结婚为前提交往的。他们在一起以后,没隔多久,小彤就把阿齐带回家给父母看。

她的父母说,只要她喜欢就好,但真的要选,他们还是比较喜欢阿明。阿明这个孩子单纯、实在,这几年开了家修车厂当老板,生意做得越来越大,但做人还是一样没有架子,全村的人都夸他。

小彤知道爸妈心中属意阿明,但她就是对那个乡下男孩没有感觉,她打定主意要跟在外资银行上班的阿齐结婚。

人算不如天算,没想到回到台北,阿齐的前妻突然出现,几乎是不费吹灰之力,就把阿齐"拐走",两个人复合了。

我问小彤,伤心吗?

小彤摇摇头又点点头。

她说,阿齐选择离开,她并不难过,她也不知道自己喜欢阿齐什么,或许最吸引她的只是在外资银行工作的身份吧!所以她也没有太难过。如果真的要说难过,她反而更难过自己可能不会再相信爱情了。

很多人失恋后突然认为自己不会谈恋爱了,就像小彤一样,**总觉得以前谈恋爱很单纯,现在发现爱一个人好难。**

小彤把失恋的消息告诉乡下的父母，父母没多说什么，就安慰了她几句。

然而，那个周末，乡下的阿明就出现在台北了。

小彤把阿明介绍给我们这群朋友认识。

那天晚上，她多喝了几杯酒，在我们面前突然哭了，她哭了很久。

阿明跟我们这群七嘴八舌忙着安慰小彤的朋友不一样，他只是默默地陪着她哭。

小彤边哭边朝着阿明说："你干吗喜欢我这么久？我又不喜欢你，你等也没有用，我不会跟你回去。"

阿明没有说话，他对我们露出尴尬又腼腆的笑容。

阿明在小彤的耳边轻轻说了几句话，我们谁也没有听清他到底说了什么，只见小彤越哭越伤心。

第二天一早，小彤发来道歉的信息，说昨晚自己失态了。

群组里，谁也没有太过在意小彤的道歉，因为她随后传来的信息更具爆炸性。

"姐要回乡下了，我决定跟阿明结婚了。"

"什么？"

"真的假的？"

"阿明到底跟你说了什么？"

朋友们此起彼落的讯息瞬间炸开了锅。

小彤决定回家了。她说,她花了十几年的时间,一直想留在台北,但现在的台北已经没有让她再眷恋的东西了。

隔了几个月,我们收到她和阿明的喜帖,里面有他们的照片,**一个笑得腼腆,一个笑得明媚。**

几个朋友相约到南部去吃小彤和阿明的流水席,在吃饭前,我们挤到新娘的房间抢着跟小彤合影。

我听到有个伴娘对着小彤窃窃私语。

"小彤,你高中最喜欢吃鲔鱼三明治,你一直以为是买的,其实全都是阿明亲手做的。你都不知道,那时候我们大家都好羡慕你。他那时候每天都早起帮你做早餐,一直做了快三年。"

小彤哭笑不得地说:"他啊,就是不懂得变通,我吃到最后都不好意思跟他说,可不可以换换口味。"

所有人都听得出来,她那略带埋怨的语气带着一丝甜蜜。

我们每个人都爱过,只是有人放弃了,有人变换了,有人坚持着。

我想,小彤终于懂了,她吃腻了鲔鱼三明治,想换个口味,但东挑西选了半天,最终还是选择了那个吃起来最平淡却最自在的鲔鱼三明治。

我相信有人会认为，小彤之所以选择阿明，是因为年纪大了，怕再不嫁自身条件也不好了，还不如选择开修车厂的阿明，才不会到最后什么也没有的地步。

爱也好，不爱也罢，选择跟一个人携手一辈子需要莫大的勇气，尤其是当这个决定被自己否定的时候。

一个单身太久的女人会被贴上"败犬"的标签；一个嫁给有钱人的女人会被认为嫌贫爱富；一个回到前任怀抱的女人会被说成吃回头草；一个选择跟"备胎"共度一生的女人会被认为老了，没资本了。

不管做什么选择旁人都有话说，我们的人生不必陷入别人茶余饭后的闲话里。对得起自己，对得起生命中几个为数不多的爱人和朋友，那就够了。

我祝福小彤，因为只有决定相守相依的两个人，才能明白个中的苦辣酸甜，一辈子是他们在过，旁人根本管不着。

人生在世不过短短数十年，十来岁的我们向往爱情，二十来岁的我们爱得轰轰烈烈，三十来岁的我们自以为看透了爱，四五十岁时遇到想珍惜的人，却发现时间所剩无几，最怕等到六七十岁才发现平平淡淡才是真，只是年轻的自己不懂得珍惜。

有些爱情，真的必须经历了才能做出最适合自己的决定，活在别人嘴里永远无法体会爱与被爱的幸福。

后来，我偷偷问小彤："到底阿明在你喝醉那天说了什么？"

她说，阿明让她最感动的是，她跟别人在一起的时候，他也依然选择对她好。

这分明是顾左右而言他，不愿正面回答，于是我穷追不舍继续问："然后呢？阿明到底说了什么？"

小彤卖了许久关子，最后瞪了我一眼，嫌我太过八卦，但又想秀一下自己的幸福，她骄傲地说出了那句阿明打动她的悄悄话。

阿明说："别哭了，等我们回去，我做你最喜欢吃的鲔鱼三明治给你吃。"

不必为了一个不爱你的人，让自己成为一个不可爱的人

分手后，如果你是被放下的那个，有段时间会缺乏信心，看很多事物都不顺眼，心中对接受新事物充满抵触的情绪。

在价值观的重塑期，我们很容易太过钻牛角尖，缺乏信心，认为自己不值得被爱。

有两个各自与女朋友分手了一阵子的男性朋友，简称 A 和 B。他们郁郁寡欢了一阵子，我看在眼里，心想周遭有个女孩个性好，人也漂亮，可惜跟我不来电，不如介绍他们认识，或许能促成一段美好的姻缘。

"要不要出来吃顿饭？我介绍一个不错的女性朋友给你们

认识。"

我分别向两个人提出邀约，而他们的反应截然不同。

A 有些迟疑，他认为自己还没准备好，不想那么快就开始下一段恋情。

我听完他表达的意思后，笑着说："想太多了！不过是吃顿饭，又不是什么大不了的事。"

他接受了我的好意，跟我和我的那位女性朋友吃了顿饭。

他们两个人后来没有来电，但 A 不再封闭自己，开始试着接触人，现在的他有了新的对象，生活过得充实又开心。

另一个朋友 B，他的第一个反应是反问我："既然这么好，你为什么不自己留着？"

"她和我不来电，而且别想那么多，不过是吃顿饭，又不是什么大不了的事。"

"我不要，我才不要找你看不上的！"

他说这番话就是一种自我封闭的表现，拒绝让爱靠近的机会。

这里的爱，指的不是爱情，还有来自朋友的关爱之情。

毕竟，人与人之间相处后才知道适不适合，不适合我，不代表不适合你啊！

没多久，在跟其他的朋友聚会的场合，朋友告诉我："你还好心替他找对象啊？我们之前也曾试着帮他，他也是一样的态度！我们根本懒得理他。"

这里的重点，不是评断 B 的作为，而是我们可以透过他的行为来反思自己，是不是也曾经犯过类似的错误。

当别人试着帮助你的时候，你像刺猬一样把所有人都推开？

有时候遇到这种像刺猬的朋友，最简单的做法是远离他，或者不再跟他谈他不想谈的话题。

我没有选择跟 B 老死不相往来，只是相处时不再谈爱情的话题。因为每次讲到最后就是吵架，常常是原本的问题还没解决，又会制造出新的问题。

有一次，他牙痛，我陪他去看医生。

这颗牙齿让他烦恼很久，因为他小时候曾经遇到过不好的牙医，一直有阴影。这次，他还是讳疾忌医，但真的痛到受不了，只好赶紧找了个牙医。

医生没有给他太多的时间犹豫，直截了当地告诉他，这颗牙齿彻底坏了，他拖太久才来治疗，必须拔掉装假牙！

他痛定思痛，决定治疗自己的牙齿。

做完牙齿的治疗以后，我夸他："这次蛮勇敢的，就算很痛还是选择面对了。"

"不是我勇敢，是真的痛到受不了了，不过还好现在医疗技术进步很多，没有那么痛。"

然后，我灵机一动，问他："那你下一次敢去看牙医了吗？"

"当然敢啊！"

"为什么？"

"因为没有想象的那么痛。"

"如果你知道拔牙还是很痛，你还愿意去吗？"

"不愿意也得愿意啊！毕竟不拔牙会更惨。"他说完还对我翻了个白眼。

"那就对了，你现在很清楚不愿意处理的旧伤口最后只会变得更严重。回忆也一样，你假装看不到，但不面对就只能一直痛在心里。只有愿意面对了，才会发现没有想象的那么痛。"

我说完，他当时没说什么。但后来他逐渐减少倾诉那些不开心了，即使还是改不掉那个习惯。

他开始愿意参加大家组织的活动，逐渐恢复开朗的个性，变得积极主动，他发现自己没有想象的那么脆弱，那些新认识的朋友也不像想象的那么坏。

我想，疗伤痊愈的契机点，每个人都不一样。如果真的把对方当作朋友，就要从生活中观察，找寻让他认同的事情，通过他自己的认同去改变，而不是用很多大道理去洗脑。

毕竟大道理人人会说，但有时候对方要的只是朋友的一颗同理心。

那些曾经伤害过你的人早就是过去式了，他们或许早就消失在你的生命里，即便存在，也只是证明你变得更坚强。

不必为了一个不爱你的人，让自己成为一个不可爱的人。人生还有大把的未来，千万不要用负面的态度拒绝让自己再爱的机会。

不要只想找个伴，而忘记自己真正想要的是什么

有个认识多年的女性朋友向我抱怨，说自己总是没有看男人的眼光，遇到的对象都有点奇葩，尤其前阵子认识的一个男网友更甚！

前阵子对方主动约她出来吃饭，吃饭后收到账单，价格是 980 新台币含服务费，男网友看了账单足足 5 分钟，试图想找到金额算错的地方。后来没有找到错误，但付账时在服务生面前碎碎念："以后不要来那么贵的餐厅。"

那副心不甘情不愿的模样，让我的女性朋友直接拿出钱包霸气地说："这顿饭的钱我出。"

两人前往地铁站时，男生突然蹦出一句话："我平常看你在脸书和 IG 发的都是些吃吃喝喝的照片，刚刚看到钱包还是

名牌的,女孩子还是要注意一下,不要让人觉得拜金。还有,你看你的裙子,我觉得太短了。"

朋友听完气得跳脚,但为了维持风度没说什么。直到事后才气急败坏地向我诉苦:"只不过是一顿饭的钱,真的没什么大不了的!"

我能想象朋友心中的愤怒,但也好奇地问她:"你的不愉快是因为出了一顿饭的钱,还是对方管太多?"

"我才不在意这顿饭的钱!我在意的是我们只是初次见面,他根本还不了解我的生活,就觉得我拜金,裙子穿得太短!"

"你一开始为什么会想跟他出去吃饭?"

"在网络上蛮聊得来,以为可以出来见面认识,没想到这么奇葩!"

"既然你不在意出那一顿饭的钱,也认为在网络上聊得来,那你有两个办法可以解决。"

"什么办法?"

"第一个办法就是不要再跟他见面了,老死不相往来,反正他不过就是个路人,对你也没有影响。"

"第二个办法是什么?"

"你说你们在网络上聊得来,只是一次见面不愉快,不如给他更多认识你的机会,毕竟据我所知,你不是他口中所说的那一种人啊!"

"我脑袋又不是坏掉,干吗自讨苦吃?"

"是你自己说你们在网络上聊得来,你也不在意饭钱,那何不再给自己一次机会？或许你们最初见面只是期望值太高造成心理落差大，这次你有准备，就不会觉得他那么差劲了。"

要放下固有的执念很难，都得从自己做起。

一周后，她再度收到那个男网友的邀约，她有点犹豫地问我："那个男生说，上次吃饭让我出钱很不应该，这一次他要请我吃饭，你觉得我应该去吗？"

"去啊！但你可以先问他打算吃什么。"

"我又不在意要吃什么，干吗问他？"

"你真的不在意吃什么吗？"我逼问。

"呃……我还是有点在意要吃什么，我才不想穿得漂漂亮亮结果跑去吃路边摊。"

"那你为什么要说自己不介意吃什么？"

"因为……我只是不想让他觉得我是一个会在意要吃什么的人。"

我在心里忍不住翻了个白眼，直截了当地告诉她："你应该老实面对自己在意的点，你可以请他提前告知餐厅信息，方便你到时穿着相应的衣服，这样就可以了。"

第二次饭局结束后，这位女性朋友还是受了满肚子气。

我纳闷道："他没有表现得比较好吗？"

"没有！他还是一样。对我的脸书贴文、花钱方式评头论足，小时候没能力买东西不敢跟父母说真实价格，现在长大了，自己赚钱自己花还要听别人的冷言冷语！我真的浪费两顿饭的时间……"她越说越委屈，"谈恋爱的初衷不就是互相尊重，追求更好的生活吗？我怎么总是遇到奇葩！"

"不过吃完饭以后你后悔吗？"

"没有。我一点也不后悔。我给过他第二次机会了，是他没有把握好！"她想想又说，"其实，我们都没有错，只是不适合，那就不需要浪费彼此的时间了。不过就是你情我愿吃顿饭，不过几百块，而不是几万块的事，重要的是相处的气氛，搞得太过锱铢必较，又或者谁欠谁人情，谁该请谁吃饭实在没有必要。"

"那你后来怎么处理的？"我问。

"饭钱还是我自己出，但这个人我不要了！"

人与人之间的相处本就是要互相尊重，如果你和我的朋友一样遇到一个让你不开心的人，那么就更应该记住——不要只想找个伴，而忘记自己真正想要的是什么。

你们不适合，不代表你做错什么。有时候，你只是需要……

我曾收过一条私信，是一个刚步入社会的女孩诉说自己失恋的故事。

她和学生时代就相恋的男友交往五年，前段时间分手了，原因是男友爱上职场上的女主管。

她的私信里充满着诸多情绪，从一开始以为只是男友的玩笑，到后来变得愤怒，质问男友狼心狗肺，再到苦苦哀求对方回来，她愿意为对方改变。

但人变了心，再求也回不来了，她的情绪变得低落，感到难堪，质疑人生，质疑自己存在的意义，认为再也遇不到爱情。

走不出失恋的负面情绪的她，生怕自己再也没有遇见幸福的可能。

这让我想到生死学大师伊丽莎白·库伯勒·罗斯（Elisabeth Kübler-Ross）曾提出一个著名的观点，面对悲伤的五个阶段：

1. 否认（Denial）：我不相信，这一切都不是真的吧！

2. 愤怒（Anger）：凭什么跟我分手，为什么要这样对待我！

3. 讨价还价（Bargaining）：如果我改变，他就会愿意回到我的身边？

4. 沮丧（Depression）：我好没用，做什么都提不起劲，找不到人生的意义……

5. 接受（Acceptance）：失去以后，虽然难受，但我还是会好好地过下去。

伊丽莎白大师的精辟总结被很多两性问题专家、心理学研究者奉为圣经，偏偏最糟糕的是，不是每个人都会按部就班照顺序走完"面对悲伤的五个阶段"。

有些人只面对三个阶段，情绪永远停留在否认、愤怒、沮丧的阶段，一直无法接受。

这个刚分手的女孩写信给我时处于心碎的状态，她失去了一段爱情，想走出来，别人也都希望她走出来，但最悲哀的就是，她现在会在朋友面前假装自己很好，却彻夜难眠。

她怕自己的情绪始终在愤怒和沮丧中打转，她怕自己难过太久，再也找不到新的对象，她不知道到底该如何是好。

这世界上有一种东西，叫作突如其来的失去，爱情、身边至亲的人、财富、你所拥有的一切在刹那间烟消云散，心情一定很难过，而自己却无能为力。

但当所有的努力都于事无补的时候，你唯一能做的就是努力让自己好过一点。会消失的人消失了也无所谓，找个人倾诉，把自己的负面情绪写下来，无论记录的理由是发泄也好，是求安慰也罢，那个瞬间本身就是一种面对和疗愈。

记录只是一个开始，可以让我们检视目前的状况，抽丝剥茧地看看身处哪一个疗伤阶段，进而再调整自己的心态。

面对不开心的事情，要学会跟往事说再见。
你们不适合，不代表你做错什么。
有时候，你只是需要找一个更懂得欣赏你的人。

我很开心她愿意写信倾诉心中的不安。因为一段真正的爱情，就算两个人不能在一起，也能从中更清楚地认识自己。

后来，我寄了一本涂色书给她，并附上一张纸条，上面写着：

疗伤的过程，会痛会难过在所难免，真正的爱自己，就是感受自己情绪的可贵，心会痛代表你的温柔还在。

这本涂色书不是要让你把它画得多漂亮才代表走出来，把它全部涂黑，破坏以后再撕碎，那也是一种疗愈方法！

爱情这种事情，只能做好自己的本分，剩下的事情，不是由你说了算。我们能做的，是在分开的时候用自己想要的方式面对它。

不必在白天伪装坚强，在夜晚感到不安，也许你曾以为自己在原地踏步，可是慢慢地，我们一定都有所成长。

人生很长，不要担心自己走不出来，不必急着找到出口，只要保持面对世界的好奇心，有时候就算迷了路，也许反而离出口更近。

真正的幸福，不必装模作样

你一旦过了30岁还没有对象，周遭的人就会替你着急。

大家总会好奇你何时结婚，何时生小孩。

尤其年过三十的女人在社会压力下，很难不介意别人的眼光。她们担心自己人老珠黄乏人问津，一辈子跟幸福无缘。

前阵子跟几个朋友相约过年后聚餐，有个年近三十的女生朋友，哭了。

她眼泪止不住地掉，只因为在过年时又被家里的长辈催着结婚。

父母急得像热锅上的蚂蚁，亲戚们一副看热闹的心态。

不过就是吃一顿年夜饭，却要忍受十多张嘴巴对她的人生评头论足，几乎每分每秒都是折磨！

婚姻仿佛变成了"抢凳子"游戏，她就是那个没有抢到凳子的人。

到了适婚年龄，即便身为男性的我也遇过类似的状况。

有时候实在不喜欢被人家问及感情状况，但又不得不应对。

尤其是逢年过节，亲戚团聚一堂更容易把此事拿出来做文章。

这时候，我的应对都把握两个要点：答案简短、释放善意。

不会拒绝认识新朋友的机会，但也承认自己是个慢热的人。

老实说，跟陌生人吃一次饭，聊的话题都比较表面，也不太能了解对方太多。

偏偏那些介绍人会比你还着急，吃饭约会回来就会被追问感觉如何。

我的回答大多是："还不错。"可是我实在没办法吃完饭就立刻有感觉。

两个人必须相处时间长一点才知道适不适合。

这样的答案通常就会被介绍人归为没兴趣。

久而久之，想给你介绍朋友的人也会慢慢减少。

在他人的心中你会被贴上"眼光高""难相处"的标签。

很多人常说："你遇不到对的人，是因为改不掉自己身上的问题。"

我想，对这句话认同的人多半太过渴望找到一个对象。心理状态弱一点的人，不由得会胡思乱想，自己到底哪里不好，错在哪里？

一段感情最可怕的是，你不再相信自己可爱。
面对周遭的无形压力，别忘了单身不是一种罪。

千万不要为了找对象，把自己变成一个连自己都不喜欢的人。当你的经济能力、物质、精神都不匮乏时，单身何错之有？
你把日子收拾得干干净净，把自己和家人都照顾得很好，专注地过日子，做好所有应该做的事。不需要莫名其妙的自省，替自己找错误。

一步一脚印地认真生活，自信地生活，你值得所有人的善待。
年龄不是闹钟，不必因为到了一定年纪，就应该恋爱、结婚、生小孩。
若不是你内心真正的渴望，只为了周遭的目光而执行，只会让所有人都不快乐。
电影《玻璃樽》里有一段台词："人生下来的时候都只有一半，为了找到另一半而在人世间行走。有的人幸运找到了，而有的人却要找一辈子。不得不承认的是，遇见这件事很难，但很多人依然固执地想要继续等下去。"

没有人可以左右另一个人的人生，我们都需要更多勇气，去坚定自己的选择。

人生没有想象的复杂，记得告诉自己，喜欢就争取，得到要珍惜，错过也只能忘记。

那次年后的聚餐还有另一个大姐参加，快五十岁了，选择离婚，因为她听完姐妹的话，有另一番体悟。

那个姐妹说："三十岁了，也该是重新认识自己、重新定义自己的爱情的时候了。"

用本来的面目谈恋爱，不用假装去吸引那些不喜欢你的本来面目的人。

以前，她总是希望自己的另一半要有钱有才华有外表。

她曾经为了结婚而结婚，曾经为了遇到一个完美的人，假装自己也是个完美的人。

后来她才慢慢明白，真正的爱是接受彼此原本的模样，而不是为了别人把自己也变成一个连自己都不喜欢的人。

她结过婚、生了小孩，后来离婚了一个人带着女儿，依旧过得很幸福。

现在的她有着许多女人憧憬的模样——爱憎分明，清澈开朗，刚柔并济，笑起来脸上带着光。

这些朋友走过的旅程，让我学到一个最重要的道理。

不管是不是一个人，我们都有权利和义务让自己过得更幸福。一个人的时候懂得爱自己，两个人的时候学着珍惜对方。

至于要怎么让自己过得更幸福，必须先定义什么叫作幸福。

真正的幸福不必装模作样。对你来说，你想要的是什么？
恋人、金钱、工作的成就、安定，还是家庭？
列出顺序后，再朝着你想要的去努力。

不要不敢承认自己内心的渴望。
渴望爱、渴望工作成就、渴望家庭没什么好羞耻的。

爱的探索会带来无限的可能。
但不要因为羡慕他人，觉得"这也不错""那也不错"。
再多的"不错"都不会让你的人生变得更幸福。
只会输掉自己最**真实的样子**，最终发现蹉跎了光阴。

真正的幸福就藏在你对爱的态度，勇敢相信、勇敢追寻，喜欢自己正在做的事情，做你认为对的事，见你想见的人，过你想过的日子，活出最真诚的情感。